Andreas Mäusbacher

Realisierung einer Internet-Präsenz im Service-Bereich na
nellen Aspekten

Bibliografische Information der Deutschen Nationalbibliothek:

Bibliografische Information der Deutschen Nationalbibliothek: Die Deutsche Bibliothek verzeichnet diese Publikation in der Deutschen Nationalbibliografie; detaillierte bibliografische Daten sind im Internet über http://dnb.d-nb.de/ abrufbar.

Copyright © 1998 Diplom.de
Druck und Bindung: Books on Demand GmbH, Norderstedt Germany
ISBN: 9783838623511

https://www.diplom.de/document/218165

Andreas Mäusbacher

Realisierung einer Internet-Präsenz im Service-Bereich nach Marketing-konzeptionellen Aspekten

Diplom.de

Andreas Mäusbacher

Realisierung einer Internet-Präsenz im Service-Bereich nach Marketing-konzeptionellen Aspekten

Diplomarbeit
an der Georg-Simon-Ohm-Fachhochschule Nürnberg
Fachbereich BWL
Prüfer Prof. Dr. Schott
Dezember 1998 Abgabe

Diplomarbeiten Agentur
Dipl. Kfm. Dipl. Hdl. Björn Bedey
Dipl. Wi.-Ing. Martin Haschke
und Guido Meyer GbR

Hermannstal 119 k
22119 Hamburg

agentur@diplom.de
www.diplom.de

ID 2351
Mäusbacher, Andreas: Realisierung einer Internet-Präsenz im Service-Bereich nach Marketing-konzeptionellen Aspekten / Andreas Mäusbacher -
Hamburg: Diplomarbeiten Agentur, 2000
Zugl.: Nürnberg, Fachhochschule, Diplom, 1998

Dipl. Kfm. Dipl. Hdl. Björn Bedey, Dipl. Wi.-Ing. Martin Haschke & Guido Meyer GbR
Diplomarbeiten Agentur, http://www.diplom.de, Hamburg 2000
Printed in Germany

Diplomarbeiten Agentur

Die Diplomarbeiten Agentur vermarktet seit 1996 erfolgreich Wirtschaftsstudien, Diplomarbeiten, Magisterarbeiten, Dissertationen und andere Studienabschlußarbeiten aller Fachbereiche und Hochschulen.

Seriosität, Professionalität und Exklusivität prägen unsere Leistungen:

• Kostenlose Aufnahme der Arbeiten in unser Lieferprogramm

• Faire Beteiligung an den Verkaufserlösen

• Autorinnen und Autoren können den Verkaufspreis selber festlegen

• Effizientes Marketing über viele Distributionskanäle

• Präsenz im Internet unter **http://www.diplom.de**

• Umfangreiches Angebot von mehreren tausend Arbeiten

• Großer Bekanntheitsgrad durch Fernsehen, Hörfunk und Printmedien

Setzen Sie sich mit uns in Verbindung:

Diplomarbeiten Agentur
Dipl. Kfm. Dipl. Hdl. Björn Bedey –
Dipl. Wi.-Ing. Martin Haschke ——
und Guido Meyer GbR ————

Hermannstal 119 k ————
22119 Hamburg ————

Fon: 040 / 655 99 20 ————
Fax: 040 / 655 99 222 ———

agentur@diplom.de ————
www.diplom.de ———

Inhaltsverzeichnis

5

6

Darstellungsverzeichnis

Abkürzungsverzeichnis

AIDA	Attention-Interest-Desire-Action
AOL	America Online
Aufl.	Auflage
Bit/s	Bit per Second
BTX	Bildschirmtext
CD	Compact Disk
CD-Rom	Compact Disk Read Only Memory
CERN	European Particle Physics Laboratory
CI	Corporate Identity
Darst.	Darstellung
DE-NIC	Deutsches Network Information Center
DOS	Disc Operation System
EBM	Einheitlicher Bewertungsmaßstab
E-Mail	Electronic Mail
FAQ	Frequently Asked Questions
FTP	File Transfer Protocol
Hrsg.	Herausgeber bzw. herausgegeben
HTML	Hypertext Markup Language
IP	Internet Protocol
IRC	Internet Relay Chat
ISDN	Integrated Services Digital Network
LAN	Local Area Network
Mac	Apple Macintosh
MB	Megabyte
MBO-Ä	(Muster-) Berufsordnung für die deutschen Ärztinnen und Ärzte
MSN	Microsoft Network
PC	Personalcomputer
PLZ	Postleitzahl
PR	Public Relations
SMS	Short Message System

TCP	Transmission Control Protocol
URL	Uniform Ressource Locator
USP	Unique Selling Proposition
UWG	Gesetz gegen den unlauteren Wettbewerb
vs.	versus
WAN	Wide Area Network
WWW	World Wide Web

9

1. Einleitung

1.1 Themenbegründung

In einer Zeit dramatischer Strukturveränderungen im Gesundheitswesen, in der sich „der niedergelassene Arzt...heute einer Vielzahl von Gefahren...wie Punktwerteverfall, Budgets, Regressforderungen, Chipkartentourismus und wachsender Konkurrenz zwischen den Kollegen..."[1] bei steigender Arztdichte ausgesetzt sieht, ist eine marktgerechte Ausrichtung seiner Angebote und Dienstleistungen überlebensnotwendig geworden. Um auf die„...Veränderungen und Herausforderungen (des Gesundheitsmarktes) derart zu reagieren, daß das Unternehmen Arztpraxis davon profitiert und gleichzeitig das Leistungsangebot und Service auf höchstmöglichem Niveau angesiedelt bleiben"[2], muß der Arzt lernen sein Angebot und seine Dienstleistungen zu vermarkten. Dies bedeutet, „Marketing als die bewußte Führung des ganzen Unternehmens (Arztpraxis) vom Markt her im Sinne einer umfassenden marktorientierten Führungskonzeption...als eine rationale Antwort auf grundlegend veränderte Marktverhältnisse"[3] zu verstehen und umzusetzen. Um sich gegenüber der Konkurrenz zu profilieren und in den Augen der Patienten und der weiteren Öffentlichkeit eindeutig zu positionieren, ist eine (Praxis-)Marketing-Konzeption notwendig. Allerdings hält sich in den Köpfen der meisten Ärzte immer noch eine Skepsis gegenüber der praktischen Umsetzung von (Online-)Marketing, insbesondere auch im Zusammenhang mit dem ärztlichen Werbeverbot.

Aufgrund der heute veränderten Marktstruktur, vom Verkäufer- zum Käufermarkt[4], spielen die im traditionellen Marketing-Mix wichtigen Instrumente Preispolitik, Produktpolitik und Distributionspolitik heute eine weniger wichtige Rolle, da diese wirtschaftlich gesehen an ihre Grenzen gelangt sind. Die Kommunikationspolitik hat sich deshalb mittlerweile zum wichtigsten marketingpolitischen Instrument entwickelt.

Das Internet ist in den letzten Jahren exponentiell gewachsen und hat sich in Deutschland zu einem wichtigen Kommunikationsmedium zur Verbreitung und Beschaffung von Informatio-

---

[1] Messner, Joachim: Der Arzt als Unternehmer, S. 9
[2] Riepl, Bernhard J.: Praxismarketing Kompakt für Ärzte, S. 17
[3] Becker, Jochen: Marketing-Konzeption, S. 1
[4] Käufermarkt = Angebot ist größer als die Nachfrage

nen entwickelt. Neben öffentlichen und gewerblichen Nutzern verfügen in zunehmendem Maße auch private Haushalte über einen Zugang zum Internet. Diese Entwicklung macht das Internet heute für Ärzte interessant, da der Arzt durch eine Internet-Präsenz in Form einer sogenannten 'Homepage' der breiten Öffentlichkeit Informationen über seine Tätigkeit und seine Praxis zugänglich machen kann. Das Internet kann das klassische marketingpolitische Instrumentarium (insbesondere die Kommunikationspolitik) durch seine vielfältigen Präsentationsmöglichkeiten gut ergänzen. Es ist daher sinnvoll, das Internet dort zu integrieren und im Rahmen einer Online-Praxismarketing-Konzeption zur Selbstdarstellung, Information und Kommunikation zu nutzen. Ziel dabei ist es, Wettbewerbsvorteile und positive Entwicklungseffekte für die Arztpraxis zu erreichen.

1.2 Zielsetzung und Aufbau der Arbeit

Die vorliegende Diplomarbeit gliedert sich in insgesamt vier Kapitel. Nach diesen einführenden Worten werden im zweiten Kapitel, ausgehend von einer kurzen Darstellung der heutigen Situation des Arztes auf dem Gesundheitsmarkt, stufenweise Möglichkeiten und Grenzen eines Praxismarketing und eines Online-Praxismarketing dargestellt. Anschließend erfolgt die Implementierung des Internet in eine Praxismarketing-Konzeption. Im dritten Kapitel kommen die gewonnenen Erkenntnisse als Grundlage zur Entwicklung einer Online-Praxismarketing-Konzeption für die Zahnarztpraxis Dr. Groß zum Einsatz. Mit der Schlußbetrachtung bildet das vierte Kapitel den Ausklang dieser Diplomarbeit.

Ziel der Arbeit ist es, eine praxisorientierte Online-Praxismarketing-Konzeption zu entwickeln, auf deren Basis sich eine Internet-Präsenz in Form einer Homepage für den Zahnarzt Dr. Groß realisieren läßt.

Schwerpunkte sind die Darstellung der Möglichkeiten und Grenzen eines Online-Praxismarketing im Rahmen der zu beachtenden standes- und wettbewerbsrechtlichen Beschränkungen und die Entwicklung einer Online-Marketing-Konzeption für die Zahnarztpraxis Dr. Groß in Nürnberg.

Da der Gedanke Praxismarketing im Internet - noch recht wenig erforscht, aber heiß diskutiert - sehr viele Potentiale birgt, ist es Intention dieser Diplomarbeit, sich wissenschaftlich
damit auseinanderzusetzen.

2. Praxismarketing, Online-Praxismarketing und Online-Praxismarketing-Konzeption

2.1 Die Situation des Arztes auf dem Gesundheitsmarkt

Die Rahmenbedingungen für die ärztliche Tätigkeit unterliegen einem radikalen Wandel.
„Noch vor 10 - 15 Jahren war man der Auffassung, daß die Niederlassung jedem Arzt eine
gesicherte Existenz ermöglicht, wenn er keine groben Fehler begeht."[5] Angesichts dramatischer Strukturveränderungen im Gesundheitswesen sind diese 'paradiesischen Zustände'
allerdings endgültig vorbei. Viele Arztpraxen überleben heute nur noch in Kooperationsfor-
men mit Kollegen. Der Arzt befindet sich heute, bei einer steigenden Arztdichte mit etwa
gleichbleibend zu verteilendem Gesamthonorar, in einem zunehmenden Wettbewerb zwischen den Kollegen.[6] Die Gesamtzahl der bei den Landesärztekammern gemeldeten Ärzte ist
im Jahr 1997 auf 350 854 bzw. um 2,1 Prozent gestiegen. Subtrahiert man von dieser Zahl
die 68 117 nicht ärztlich Tätigen, so waren 1997 im Bundesgebiet 282 737 Ärzte tätig, das
sind rund 3400 mehr als im Jahr 1996.[7] Die Entwicklung der Zahnärztedichte in den Jahren
1991-1996 zeigt einen ähnlichen Verlauf.

Darst. 1: Entwicklung der Zahnärztedichte 1991-1996 in Deutschland[8]

	Wohnbevölkerung	Zahnärzte insgesamt	niedergelassene Zahnärzte	behandelnd tätige Zahnärzte	Einwohner je behandelnd tätigen Zahnarzt
1991	80.275.000	69.684	43.514	...	...
1992	80.974.000	71.528	44.328	56.256	1.439
1993	81.338.000	73.477	47.536	58.194	1.398
1994	81.538.000	74.644	48.337	59.211	1.377
1995	81.818.000	75.998	49.710	60.616	1.350
1996	82.012.000	76.390	50.423	61.404	1.336

---

[5] Messner, Joachim: a.a.O., S. 9
[6] Vgl. ebenda, S. 9 ff.
[7] Thust, Wolfdieter: Die ärztliche Versorgung in der Bundesrepublik Deutschland - Moderate Veränderungen, S. 1
[8] Kassenzahnärztliche Bundesvereinigung: Entwicklung der Zahnärztedichte 1991-1996,
[URL: http://www.kzbv.de/aktzahl/tab24.htm]

12

Die Zunahme der nicht ärztlich tätigen von 6,1 Prozent gegenüber 1996 hängt offenbar mit einer gestiegenen Zahl von arbeitslosen Ärzten zusammen. Die Zuwachsraten für die niedergelassenen Ärzte sind weiterhin wegen der Zulassungsbeschränkungen der vertragsärztlichen Versorgung durch die Bedarfsplanung gebremst. Dies zeigt auch der Nettozugang der Vertragsärzte, der im Jahr 1997 nur 1,2 Prozent (Vorjahr 1,5 Prozent) betragen hat. Man kann danach feststellen, daß sich die Zulassungsmöglichkeiten weiter verschlechtert haben.[9]

Darst. 2: Zugelassene Vertragsärzte zum 31.12.1997 im Bundesgebiet insgesamt[10]

Arztgruppe	Anzahl der Vertragsärzte am 31.12.1997	Zunahme gegenüber dem 31.12.1996	
		absolut	in Prozent
Allgemein-/Praktische Ärzte	43 825	-50	-0,1
Augenärzte	5 193	32	0,6
Chirurgen	3 395	18	0,5
Frauenärzte	9 474	68	0,7
HNO-Ärzte	3 838	33	0,9
Hautärzte	3 267	49	1,5
Internisten	15 886	189	1,2
Kinderärzte	5 722	34	0,6
Nervenärzte	4 680	184	4,1
Orthopäden	4 713	58	1,2
Radiologen	2 162	74	3,5
Urologen	2 445	29	1,2
Übrige Arztgruppen	6 615	564	9,3
Summe Ärzte	110 396	1 277	1,2

Quelle: Bundesarztregister der KBV

Der Gesundheitsmarkt hat sich in den letzten Jahren (wie nahezu alle Märkte) vom Verkäufer- zum Käufermarkt entwickelt.[11] Das bedeutet, ein Überangebot an Ärzten steht einem Mangel an Patienten gegenüber.

Die Nettoeinkommen der meisten Mediziner stagnieren bzw. sind rückläufig, der Praxisaufwand aber steigt.[12] Außerdem sind die Investitionskosten für eine neue Praxis sehr hoch. Zusätzlich werden durch die Gesundheitsreform von den gesetzlichen Leistungsträgern viele ärztliche Leistungen kostenmäßig nicht mehr übernommen.[13] „Wegen der gestiegenen Zuzahlung für Arzneimittel wollen 41 % der Bundesbürger seltener zum Arzt gehen und 49 %

[9] Thust, Wolfdieter: Bedarfsplanung und Zulassungsbeschränkungen 1998, S. 3
[10] Ebenda
[11] Vgl. Riepl Bernhard J.: a.a.O., S. 16 sowie Meffert, Heribert: Marketing, S. 3
[12] Vgl. ebenda, S. 16 f.
[13] Vgl. Messner, Joachim: a.a.O., S. 10 f.

nicht mehr alle Rezepte des Arztes in der Apotheke einlösen.[14] Die Patienten werden zudem immer kritischer gegenüber den 'Halbgöttern in weiß'. Sie hinterfragen die ärztliche Kompetenz, erzählen Pseudoheilsmeldungen, die sie in den Medien gesehen bzw. gehört haben und drohen bei ausbleibenden Heilungserfolgen aus der Praxis abzuwandern.[15] Außerdem nimmt die Selbstmedikation zu. Der Umsatz von Präparaten, die eigenverantwortlich meist in Apotheken gekauft werden, stieg 1997 um vier Prozent auf 8,9 Milliarden Mark.[16]

In einem Forschungsprojekt des Instituts für Arbeits-, Organisations- und Gesundheitspsychologie der Freien Universität Berlin zur 'Praxisanalyse von niedergelassenen Ärzten in Deutschland' wurden Ärzte mit Hilfe eines Fragebogens nach Verbesserungen bzw. Verschlechterungen durch die Gesundheitsreform befragt:

Darst. 3: „Durch die Gesundheitsreform hat/haben sich...verschlechtert/verbessert"[17]

Aussagen	stimmt gar nicht	stimmt ein wenig	stimmt weitgehend	stimmt vollkommen
"meine wirtschaftliche Situation verschlechtert"	18,8%	21,7%	26,1%	33,3%
"meine Berufszufriedenheit generell verschlechtert"	17,4%	29,0%	23,2%	30,4%
"meine diagnostischen Möglichkeiten verschlechtert"	52,2%	36,2%	4,3%	7,2%
"die therapeutischen Möglichkeiten verbessert"	91,3%	7,2%	1,4%	0,0%
"meine Beziehung zu den Patienten verbessert"	94,1%	4,4%	1,5%	0,0%

Über vier Fünftel der befragten PraxisinhaberInnen sehen ihre wirtschaftliche Situation und die persönliche Berufszufriedenheit von der Gesundheitsreform negativ beeinflußt. Positive Effekte für die eigenen therapeutischen Möglichkeiten oder das Verhältnis zum Patienten werden fast generell verneint.

---

[14] Vgl. Bundesfachverband der Arzneimittel-Hersteller e.V.: Der Selbstmedikationsmarkt in der Bundesrepublik Deutschland in Zahlen 1997, [URL: http://www.bah-bonn.de/Zahlen/index.htm]
[15] Vgl. Riepl, Bernhard J.: a.a.O., S. 16
[16] Vgl. Bundesfachverband der Arzneimittel-Hersteller e.V.: a.a.O., [URL: http://www.bah-bonn.de/Zahlen/index.htm]
[17] Hohner, Hans-Uwe/Engl, Siegfried: Forschungsprojekt zur Praxisanalyse von niedergelassenen Ärzten in Deutschland, Abb. 4, [URL: http://www.medizinfo.de/quality/html/praxforsch.html]

Unter vielen Ärzten herrscht Verunsicherung. Die eigenen Zukunftsaussichten lassen sich kaum abschätzen, die Auswirkungen der Gesundheitsreform werden teilweise als drastisch beschrieben. Die Zahl der wirtschaftlich gefährdeten Praxen steigt, was auch eine von der Kassenärztlichen Vereinigung Nordrhein beauftragte Wirtschaftsprüfungsgesellschaft festgestellt hat.[18] Allerdings werden wichtige objektive wirtschaftliche Erfolgsfaktoren wie die Entwicklung der Patientenzahlen, die Organisation oder die Ausstattung der eigenen Praxis sehr positiv bewertet.[19]

2.1.1 Der Arzt als Unternehmer

Viele Arztpraxen befinden sich zum gegenwärtigen Zeitpunkt in einer schlechten wirtschaftlichen Situation. Durch die Honorarbudgetierung werden in Fachkreisen für die nächsten Jahre weitere Gewinneinbrüche niedergelassener Ärzte, bei gleichem Arbeitseinsatz, kalkuliert. Viele ärztliche Leistungen werden kostenmäßig nicht mehr von den gesetzlichen Leistungsträgern übernommen, dadurch gerät der Arzt in einen Erklärungsnotstand gegenüber seinen Patienten.[20] „All die radikalen Veränderungen der Rahmenbedingungen selbständiger ärztlicher Tätigkeit führen notwendigerweise zu der Erkenntnis, daß Ärzte lernen müssen, ihr Angebot und ihre Dienstleistungen zu vermarkten."[21] Der Arzt muß aus unternehmerischer Sicht auf die Veränderungen des Wettbewerbsumfeldes, der gesetzlichen Rahmenbedingungen und auf die aktuellen Bedürfnisse der Patienten eingehen. Wirtschaftliches Denken, Budget- und Erlösverantwortung sowie Qualitätssicherung werden in Zukunft anstelle des traditionell ausgebildeten Arztes den Medizin-Manager erfordern, der auf strategische Veränderungsprozesse reagiert.

Dabei lassen sich nach *Messner*[22] sechs Handlungsebenen unterscheiden:
- Medizinische Leistungsebene, Grundversorgung, Diagnose, Therapie, klassisches Leistungsangebot einer Praxis im Krankheitsbereich

---

[18] Vgl. Wimmer, Raimund: Kassenärzte in Not, S. 11
[19] Vgl. Hohner, Hans-Uwe/Engl, Siegfried: a.a.O.,
[URL: http://www.medizinfo.de/quality/html/praxforsch.html]
[20] Vgl. Riepl, Bernhard J.: a.a.O., S.16 f.
[21] Ebenda, S.17
[22] Messner, Joachim: a.a.O., S.64 f.

- Organisation, Personaleinstellung, EDV-Organisation, Praxisausstattung, Investitionen, Kooperation mit weiteren Ärzten, Apparategemeinschaften

- Betriebswirtschaftliche Struktur, Einnahmenerfassung, Ausgabenkontrolle, Liquiditätsrechnung, Rentabilitätsrechnung, Investitionsrechnung, Gewinnvorausschau

- **Marketing**, Öffentlichkeitsarbeit, Information über Besonderheiten des Praxisumfeldes, des Leistungsangebotes, Analyse/Erfassung und Ansprache von besonderen Zielgruppen, Erfassung der Bedürfnisse der Patienten und Gesundheitsklienten

- Entwicklung eines strategischen, zielorientierten Konzeptes aufgrund einer engpaßorientierten und bedürfnisorientierten Analyse der Praxis

- Kompetenz und Einfluß des Arztes, Vertrauen gegenüber dem Patienten, Integration weiterer ärztlicher Behandler in die Praxis.

„Die Managementphilosophie im heutigen Gesundheitswesen sollte auf die Unternehmensführung als Ganzes abzielen und vor allem den vielschichtigen Zusammenhängen, intern und extern, Rechnung tragen. Daher werden die Einrichtungen des Gesundheitswesens nicht mehr als isolierte Einheiten, sondern in ihrer Austauschbeziehung mit ihrer Umgebung und der sich daraus ableitbaren Wettbewerbssituation, erfaßt."[23] „Die Veränderung der Rahmenbedingungen ärztlicher Tätigkeit erzeugt einen Zugzwang, bei dem alle auf der Strecke bleiben werden, die es nicht lernen, unternehmerisch zu denken und zu handeln."[24] Dabei ist es „im Sinne einer unternehmerischen Tätigkeit...für den Mediziner wichtig, eine eigene Ziel- und Lebensplanung zu gestalten, die es trotz der Veränderungen im Gesundheitswesen ermöglicht, für sich und seine Praxis eine langfristige Perspektive zu entwickeln."[25]

2.1.2 Zukunftsperspektiven

Die Leistungsangebote im Gesundheitswesen werden sich nach *Messner*[26] gliedern in:

- (Zahn-)Medizinische Grundversorgung: Diese wird wahrscheinlich nicht mehr in der Lage sein, die Arztpraxen mit ausreichenden Honoraren zu versorgen.

---

[23] Jonczyk, Cornel: Moderne Managementphilosophie im Gesundheitswesen, [URL: http://www.medizin-forum.de/manager/philo.htm]
[24] Messner, Joachim: a.a.O., S. 26
[25] Ebenda, S. 14
[26] Ebenda, S. 26

16

- Luxusmedizin: Diese können sich nur bestimmte Personengruppen leisten oder die private Zusatzversicherung deckt sie ab. Zuzahlungen oder sogar volle Kostenübernahme werden hier Standard sein.

- Präventions- und Gesundheitsleistungen: Diese werden als Selbstzahlerleistungen definiert sein. Hier besteht für den Arzt vollständige unternehmerische Freiheit. Qualität und Preis/Leistungsverhältnis werden darüber entscheiden, welche Angebote auf Dauer erfolgreich sein werden.

Die gesetzliche Krankenversicherung wird in Zukunft für Patienten nicht mehr ausreichen, dies zeigt auch die Zunahme der Privatpatienten in den letzten Jahren. Es ist außerdem zu erwarten, daß es durch folgende Gesundheitsreformen zu weiteren Einschnitten für Arztpraxen kommen wird, welche die wirtschaftliche Gestaltungsfreiheit stark einschränken, wenn keine strukturellen Veränderungen vorgenommen werden. Die Ärzte werden kaum noch in der Lage sein, sich vollständig über die Kassenmedizin zu finanzieren, sondern nur mit Hilfe von Zuzahlungsleistungen der Patienten. Die Wettbewerbssituation zwischen den ärztlichen Kollegen wird sich noch weiter verschärfen. Der Konkurrenzkampf könnte dem ärztlichen Ansehen schaden. Neue Technologien und Therapieformen werden über die Kassenversorgung nicht mehr gezahlt werden können. Qualitätsverlust wäre die Folge.[27]

2.2 Praxismarketing

Nach dem zweiten Weltkrieg wurde die betriebswirtschaftliche Fachsprache mit einer Reihe von angelsächsischen Begriffen durchsetzt, darunter auch dem Wort 'Marketing'. Ursprünglich verstand man darunter nichts anderes als die Vermarktung von Gütern und Dienstleistungen. Heute wird Marketing als Ausdruck eines marktorientierten, unternehmerischen Denkstils verstanden. Es stellt eine eigene wirtschaftswissenschaftliche Disziplin dar, in der Teile der Betriebswirtschaftslehre, Volkswirtschaftslehre, Soziologie, Psychologie und der Verhaltenswissenschaft zusammengefaßt werden.[28]

---

[27] Vgl. Messner, Joachim: a.a.O., S. 27 f.
[28] Vgl. Meffert, Heribert: Marketing, S. 7 ff.

Marketingaspekte werden auch für die Arztpraxis immer wichtiger, auch wenn für viele Ärzte der Begriff des Marketing nach wie vor einen 'negativen Beigeschmack' hat. Marketing stellt aber in keinem Fall ethische Grundsätze ärztlichen Handelns in Frage, sondern hilft vielmehr die Praxistätigkeit erfolgreich weiterzuentwickeln. Dabei ist das höchste Ziel aller Praxismarketing-Aktivitäten, Patienten dergestalt zu motivieren, daß sie ganz von selbst und aus innerster Überzeugung, es gäbe gar keine realistische Alternative, in die Praxis kommen.[29]

2.2.1 Rechtliche Grundlagen

In Anbetracht der Tatsache, daß ein Arzt dem Werbeverbot seiner Kammer unterliegt, sind die Möglichkeiten auf sich aufmerksam zu machen sehr begrenzt. Umso wichtiger ist es, zufriedene Patienten an sich zu binden und neue Patienten durch eine kundenorientierte Praxis zu gewinnen. Analog zu den Zahnärzten heißt es z.b. in der Musterberufsordnung für die deutschen Ärztinnen und Ärzte (MBO-Ä) 1997 in der Fassung der Beschlüsse des 100. Deutschen Ärztetages in Eisenach[30] unter anderem:

§ 27 Unerlaubte Werbung, erlaubte sachliche Information über die berufliche Tätigkeit
(1) Der Arzt darf für seine berufliche Tätigkeit oder die berufliche Tätigkeit anderer Ärzte nicht werben. Sachliche Informationen sind in Form, Inhalt und Umfang gemäß den Grundsätzen des *Kapitels D Nr. I, 1-6* zulässig.
(2) Der Arzt darf eine ihm verbotene Werbung durch andere weder veranlassen noch dulden. Dies gilt auch für die anpreisende Herausstellung von Ärzten in Ankündigungen von Sanatorien, Kliniken, Institutionen oder anderen Unternehmen. Der Arzt darf nicht dulden, daß Berichte oder Bildberichte mit werbender Herausstellung seiner ärztlichen Tätigkeit unter Verwendung seines Namens, Bildes oder seiner Anschrift veröffentlicht werden.

§ 28 Öffentliches Wirken und Medientätigkeit
Veröffentlichungen medizinischen Inhalts oder die Mitwirkung des Arztes an aufklärenden Veröffentlichungen in den Medien sind zulässig, soweit die Veröffentlichung und die Mitwir-

---

[29] Vgl. Riepl, Bernhard J.: a.a.O., S. 10 f.
[30] Siehe Anhang 1

kung des Arztes auf sachliche Information begrenzt und die Person sowie das Handeln des Arztes nicht werbend herausgestellt werden. Dies gilt auch für öffentliche Vorträge medizinischen Inhalts.

Hintergrund des Werbeverbotes ist, daß die Patienten durch übertriebene Erfolgszusagen eines Arztes nicht irregeführt und verunsichert werden sollen. Ein Verstoß gegen das Werbeverbot liegt in der Regel dann vor, wenn die Person des Arztes zu sehr in den Vordergrund tritt und der Eindruck erweckt wird, durch die Aussage und die äußere Erscheinung der Informationsbotschaft wolle der Arzt nur Werbung für seine Praxis betreiben. Nun stellt sich die Frage, was ein Arzt bzw. Zahnarzt und sein Team tun kann, um auf sich aufmerksam zu machen; fest steht, daß der Arzt grundsätzlich alles tun darf, was der Information seiner Patienten dient, insbesondere im Bereich der Aufklärung und Verhütung von Erkrankungen. Im Rahmen des Marketing-Mix ist es dem Arzt möglich mit Hilfe einer Kommunikationsstrategie, die innerhalb der vom Berufsrecht erlaubten, zulässigen Informationsübermittlung liegt, an die Öffentlichkeit zu treten. Da die Werbung im Marketing nur einen Teilaspekt der Kommunikationspolitik darstellt, bestehen für den Mediziner allerdings einige interessante Möglichkeiten, sein Unternehmen Arztpraxis marketingorientiert zu führen und zu präsentieren. Dabei ist „Marketing als die bewußte Führung des ganzen Unternehmens vom Markt her im Sinne einer marktorientierten Führungskonzeption...nichts anderes als eine rationale Antwort auf grundlegend veränderte Marktverhältnisse."[31]

2.2.2 Entwicklung vom Verkäufer- zum Käufermarkt

In der Vergangenheit stand das Angebot an Ärztedienstleistungen i.d.R. einer höheren Nachfrage der Patienten gegenüber *(Verkäufermarkt)*, so daß der Arzt im wesentlichen seiner medizinischen Tätigkeit nachgehen konnte, ohne absatzwirtschaftlich zu handeln *(Produktionsorientierung)*.

In den letzten Jahren hat sich die Situation auf dem Gesundheitsmarkt, insbesondere durch die Gesundheitsreform, stark verändert. Das Angebot an Ärzten ist ebenfalls gestiegen, so daß sich der Arzt bei annähernd gleichbleibendem Honorarbudget in einem steigenden Wett-

---

[31] Becker, Jochen: a.a.O., S. 1

19

bewerb zwischen den Kollegen befindet. Durch diese sich abzeichnenden Sättigungserscheinungen bzw. zunehmender Substitutionskonkurrenz stehen verkaufsunterstützende Maßnahmen im Vordergrund *(Verkaufsorientierung)*. Hier befinden sich Angebot und Nachfrage in etwa im Ausgleich, aber mit der Tendenz zum Überangebot.

Durch die anhaltend steigende Zahl an Ärzten hat sich der Gesundheitsmarkt heute allerdings zu einem *Käufermarkt* entwickelt, d.h. die Nachfrage nach ärztlichen Dienstleistungen ist geringer als deren Angebot. Es besteht deshalb ein Zwang seitens der Ärzte zur patientenorientierten Ausrichtung ihres Leistungsprogramms *(Marketingorientierung)*.[32]

Diese Entwicklung gefährdet die Existenz der betreffenden Arztpraxen, deren Berechtigung in diesem Wirtschaftssystem langfristig an der Rentabilität des Kapitaleinsatzes gemessen wird. Die Ärzte sind deshalb gezwungen, sich intensiver und planmäßig mit der aktuellen und potentiellen Nachfrage auseinanderzusetzen und auf die Markteinflüsse nicht nur zu reagieren, sondern zu agieren, um Existenz und Wachstum auf dem Markt von morgen zu erhalten. Aus der Notwendigkeit der verstärkten Ausrichtung unternehmerischer Tätigkeit am Absatzmarkt hat sich - ausgehend von den USA - unter dem Begriff 'Marketing' eine umfassende absatz- und unternehmenspolitische Konzeption entwickelt. In der Literatur gehen die Ansichten darüber auseinander, ob das Marketing lediglich der Gewinnsicherung und -erhöhung dient oder ob es aufgrund der intensiven Auseinandersetzungen mit den Bedürfnissen der Nachfrageseite nicht auch zu einer realen Verbesserung des Versorgungs- und Wohlstandsniveaus auf der Abnehmerseite führt. Diese Frage hängt eng mit der Systembezogenheit des Marketingansatzes zusammen, wobei im kapitalistischen Wirtschaftssystem primär Gewinnerzielung und -vermehrung, d.h. Existenzsicherung der Unternehmen, im Vordergrund steht. Die Umkehrung des Verhältnisses Arztpraxis - Gesundheitsmarkt erfordert ein unternehmerisches Umdenken mit der Akzeptierung des 'Marketingdenkens' seitens des Arztes. Die oben aufgezeigten wirtschaftlichen und sozialen Strukturwandlungen im Gesundheitswesen fordern den Arzt, seine bisherige unternehmerische Denk- und Handlungsweise marktorientiert auszurichten. Dies erfordert ein umfassendes Marketing für die Arztpraxis. Marketing soll dabei als „...die bewußt marktorientierte Führung des gesamten

---

[32] Vgl. Becker, Jochen: a.a.O., S. 154

Unternehmens oder marktorientiertes Entscheidungsverhalten in der Unternehmung"[33] verstanden werden, also „...Planung, Koordination und Kontrolle aller auf die aktuellen und potentiellen Märkte ausgerichteten Unternehmensaktivitäten. Durch eine dauerhafte Befriedigung der Kundenbedürfnisse sollen die Unternehmungsziele im gesamtwirtschaftlichen Gü-
terversorgungsprozeß verwirklicht werden."[34]

Auf die Arztpraxis projiziert bedeutet dies: „Marketing...ist die Bezeichnung für alle Maßnahmen, die die Patienten- und Kundenorientierung einer Praxis fördern und die Akzeptanz
der Leistungsangebote erhöhen."[35]

„Praxismarketing heute setzt ein Verständnis von Märkten voraus. Ärztliches Handeln wird
von Märkten bestimmt. Bestimmender Partner in diesen Märkten ist der Patient. Im modernen Verständnis von Praxismarketing werden der Patient als kontrollierende Instanz und die
Instrumente des Marketings als Mittel zur Befriedigung der Nachfrage und Nutzenschaffung
verstanden."[36]

Der Wandel des Gesundheitsmarktes hin zum Käufermarkt „...erzwingt eine konsequente
Markt- und Kundenorientierung des Unternehmens. Nur mit einer solchen Führungsphiloso-
phie können sich Unternehmen auf dem Markt erfolgreich behaupten bzw. dauerhaft überleben."[37]

2.2.3 Patientenorientierung

Angesichts der Entwicklung hin zu Käufermärkten ist die Kunden- bzw. Patientenorientie-
rung ein zentraler Aspekt der Unternehmensphilosophie. Wichtig in diesem Zusammenhang
ist ein ausgeprägtes Qualitäts-, Zuverlässigkeits- und Servicestreben des Unternehmens, welches durch entsprechende Leistungen verwirklicht und gelebt werden muß.[38] Dabei spielen
die Patientenzufriedenheit (bzw. Bedürfnisbefriedigung) und die Nutzenschaffung eine we-

---

[33] Meffert, Heribert: a.a.O., S. 29
[34] Ebenda, S. 31
[35] Messner, Joachim: a.a.O., S. 111
[36] Riepl, Bernhard J.: a.a.O., S. 18
[37] Becker, Jochen: a.a.O., S. 1
[38] Vgl. ebenda, S. 36

sentliche Rolle. Schließlich ist ein zufriedener Patient der beste Werbeträger. Durch die Veränderung der bisherigen Anbieterposition des Arztes und des Nachfrageverhaltens der Patienten werden nicht zwangsläufig bewährte Praxisabläufe und nachgewiesener wirtschaftlicher Erfolg in Frage gestellt, allerdings sollte die Unternehmensstrategie regelmäßig daraufhin überprüft werden, inwieweit das Angebot und die Form der Nutzenschaffung den Erwartungen der Patienten noch entspricht. Dabei stellt sich die Frage, welchen echten oder vermeintlichen Bedürfnissen und Erwartungen man als Arzt entsprechen sollte und wie man eine größtmögliche Nutzenschaffung erzielt, um den Erwartungen und Ansprüchen der Patienten gerecht zu werden.

Der Patient benötigt eine gute medizinische Behandlung, eine adäquate Aufklärung, eine effiziente Therapie und einen Arzt, der im Gespräch auf ihn eingeht. Der Arzt muß eine hochwertige Gesundheits-Dienstleistung bieten, die dem Patienten einen individuellen Nutzen bringt. Aufgrund des zunehmenden Wettbewerbs kann ein Nutzenvorteil dazu beitragen, sich von der Konkurrenz abzuheben und dadurch den Patienten als 'Marktpartner' zu gewinnen oder zu halten. Durch den Nutzenvorteil kann sich ein Wettbewerbsvorteil entwickeln.

Eine Arztpraxis ist nicht primär als Betätigungsfeld für den Praxisinhaber und als Einnahmequelle zu betrachten, sondern sie ist ein Ort, wo die Bedürfnisse des Patienten optimal befriedigt werden müssen.

Die Nutzenstruktur eines Produkts (bzw. Dienstleistung) ist nach *Vershofen*[39] von zwei grundlegenden Nutzenkategorien geprägt:

- Grundnutzen (= stofflich-technischer Nutzen) und
- Zusatznutzen (= seelisch-geistiger Nutzen)

Übertragen auf die zahnärztliche Dienstleistung ein *Beispiel:*
Ein Patient kommt wegen Zahnschmerzen in die Praxis.

Grundnutzen (Leistung): *Der Zahnarzt behandelt den Patienten und beseitigt dadurch dessen Zahnschmerzen.*

---

[39] Vgl. Vershofen W.: Handbuch der Verbrauchsforschung, S. 69 ff.

Zusatznutzen (Service): Der Zahnarzt schlägt dem Patienten zusätzlich konkrete Maßnahmen vor, die Zähne gesund zu erhalten und Zahnproblemen vorzubeugen (Prophylaxe).

Eine Praxis, die mit ihrem Angebot und ihrem Service dem Patienten einen höchstmöglichen Nutzen schafft, erlangt dadurch einen Wettbewerbsvorteil gegenüber der Konkurrenz und kann damit den Unternehmenserfolg sichern.[40]

Die eigene Bedürfnisbefriedigung ist für den Patienten selbst allerdings nicht leicht festzustellen. Er kann schlecht beurteilen, ob die Diagnose richtig und die Behandlung fachgerecht ist und er wird nie wissen, ob seine Beschwerden in einer anderen Praxis erfolgreicher behandelt würden. Also wird er den Nutzen der Behandlung von Aspekten ableiten, die er beurteilen kann. Dazu gehören:

• Kompetenz, die durch die Praxiseinrichtung, die apparative Ausrüstung und den Umfang der diagnostischen und therapeutischen Einrichtungen ausgestrahlt wird

• Freundlichkeit des ganzen Praxisteams

• Umfang der Informationen, die ihm angeboten werden

• Das Dienstleistungsangebot, insbesondere die Erreichbarkeit in Notfällen.

Das Zentralziel des Praxismarketing ist, den Patienten langfristig an die Arztpraxis zu binden bzw. neue Patienten zu gewinnen und dadurch den wirtschaftlichen Erfolg der Arztpraxis zu sichern. Der Patient ist sozusagen das Kapital der Praxis. Voraussetzung hierfür ist neben der Patienten- bzw. Marktorientierung und einer qualitativ hochwertigen und zuverlässigen Dienstleistung eine positive Corporate Identity[41], attraktive Serviceleistungen und eine reibungslose Praxisorganisation.

2.2.4 Corporate Identity

Unter der Corporate Identity wird im weitesten Sinne die Unternehmenspersönlichkeit verstanden, die sich im Verhalten, der Kommunikation und dem Erscheinungsbild der Arztpraxis ausdrückt. Sie beschreibt deren gegenwärtigen Zustand, ihre Tradition, die Einstellungen der Führungskräfte und Mitarbeiter sowie die bisherige Unternehmenspolitik. Die Elemente

---

[40] Vgl. Riepl, Bernhard J.: a.a.O., S. 18 f.
[41] Corporate Identity = Praxisbild nach außen, Image

der Unternehmensidentität strahlen kontinuierlich nach innen (auf die Mitarbeiter), aber auch nach außen (auf die Umwelt) ab und produzieren in der Öffentlichkeit ein spezifisches Image als (mehr oder weniger genaues) Abbild der Identität.[42] In einem koordinierten Einsatz aller Instrumente wird ein einheitlicher Auftritt gestaltet, mit dem Ziel, Vorteile im Konkurrenzkampf zu gewinnen. Die Gestaltungsmittel sind die Wahl des passenden Standortes (Welche Bevölkerungsschicht will ich ansprechen), die Einrichtung und Ausrüstung der Praxis (Praxisstil), der Umfang der angebotenen Leistung, der Einsatz des ganzen Praxisteams zur Betreuung der Patienten sowie die einheitliche Form aller schriftlichen Unterlagen. Ein positives Image kann erreicht werden, wenn das Erscheinungsbild der Arztpraxis und das Verhalten aller Praxisangehörigen stimmen und einheitlich auf die Zielsetzungen der Praxis ausgerichtet sind. Dabei ist es wichtig, daß alle Praxisangehörigen sich mit der Praxis identifizieren und die Freude an der Arbeit auch nach außen für die Patienten sichtbar zum Ausdruck bringen.

Zu einem positiven Praxisbild trägt neben dem einheitlich ausgerichteten Mitarbeiterverhalten auch ein einheitliches, unverwechselbares Erscheinungsbild bei (Corporate Design). Darunter versteht man die Verwendung einheitlicher, aufeinander abgestimmter Farben und Formen bei der Praxiseinrichtung, Arbeitskleidung, Beschilderung, Formulare, Lichtverhältnisse, liebevolle Details usw.[43] Bei der Gestaltung der Praxisräume sollte ein angenehmes Ambiente geschaffen werden. Dazu gehört der Empfang (Freundlichkeit der MitarbeiterInnen) und das Wartezimmer (neue Zeitschriften, Sauberkeit, Spielecke, Informationsmaterial, Patientenzeitschrift).

Beim Praxismarketing kommt der Corporate Identity eine besondere Rolle zu, da sich der Patient aufgrund von wahrnehmbaren Kontaktelementen (z.B. Praxisräume, Freundlichkeit der Praxismitarbeiter usw.) ein Qualitätsurteil über die Praxis und deren Leistungsangebot bildet. Eine Online-Präsenz sollte deshalb streng an das CI-Konzept angelehnt sein.[44]

---

[42] Vgl. Meffert, Heribert: a.a.O., S. 76
[43] Vgl. Meffert, Heribert: Marketing. Grundlagen marktorientierter Unternehmensführung, S. 670
[44] Vgl. Altobelli, Claudia Fantapie/Hoffmann, Stefan: Werbung im Internet, S. 52

24

2.2.5 Serviceleistungen

Wie oben erläutert, stellt eine Serviceleistung einen Zusatznutzen dar, welcher in einer gegebenen Konkurrenzsituation ein entscheidendes Kriterium für eine Patientenbindung bzw. Patientengewinnung sein kann.

Dabei erfüllen Serviceleistungen der Arztpraxis nach *Riepl*[45] zwei Aufgaben:
- Sie runden die ärztliche Leistungserbringung zur Problemlösung ab und optimieren so die Nutzenschaffung.
- Sie veranlassen potentielle Patienten erst dazu, Leistungen nachzufragen.

Man kann nach den Inhalten der Serviceerbringung in der Arztpraxis zwischen technischem und kaufmännischem Service bzw. Kundendienst unterscheiden:[46]

- *Technischer Kundendienst*
Hierunter fallen alle Serviceleistungen, die den ablauforganisatorischen Bereich und die Standortattraktivität der Arztpraxis optimieren. Dazu gehören Parkplätze vor der Praxis, Abstellplätze für Kinderwägen, die Informationspolitik innerhalb der Praxis Logos, Sprechzeiten, wie läuft der Praxisbesuch ab, Info-Broschüre über das Praxisangebot etc.); dazu gehören mündliche oder schriftliche Informationen zu Therapiemaßnahmen. Diese Leistungen sind meist unentgeltlich.

- *Kaufmännischer Kundendienst*
Das sind Servicekomponenten, die den Patienten die Inanspruchnahme von erwarteten/erwünschten Leistungen und Produkten der Arztpraxis durch nichttechnische Servicekomponenten erleichtern bzw. angenehmer machen. Das sind z.B. Beratungs-/Informations-Dienste, Atteste und Bescheinigungen. Im Gegensatz zum technischen Kundendienst konzentriert sich der kaufmännische bevorzugt auf Wünsche der Patienten mit einem Angebot an Sonderleistungen (häufig kostenpflichtig).

---

[45] Riepl, Bernhard J.: a.a.O., S. 149
[46] Ebenda, S. 150

Die Serviceleistung kann außerdem dazu beitragen, eine „...Unique Selling Proposition (USP), d.h. einen einzigartigen Verkaufsvorteil zu besetzen, der es erlaubt, dieses Produkt (Dienstleistung) ganz spezifisch und möglichst nicht nachahmbar zu profilieren."[47] Der USP drückt sich in der Einzigartigkeit und Qualität der ärztlichen Dienstleistung aus und kann dadurch neue Patienten anziehen und vorhandene an die Praxis binden.[48]

2.2.6 Praxisorganisation

Die Arztpraxis ist ein Dienstleistungsbetrieb, in dem der Arzt nicht nur behandelnder Mediziner, sondern auch Manager seines Praxisbetriebes und Vorgesetzter seiner MitarbeiterInnen ist. Vor dem aktuellen Hintergrund einschneidender Reformen und eines zunehmenden Konkurrenzdruckes ist es notwendig, die Arztpraxis im Bezug auf den Erhalt der Rentabilität zu organisieren. Durch eine gezielte Praxisorganisation kann vorhandenes Kostensenkungspotential ausgeschöpft und dadurch kostengünstig, patientenfreundlich und konkurrenzfähig gearbeitet werden.

Das Gesamtziel der Arztpraxis besteht darin, einen möglichst hohen Beitrag zu einer erfolgreichen Praxisführung zu leisten. Die Aufgaben der Praxisorganisation orientieren sich an den allgemeinen Aufgaben in einer Arztpraxis. Die Gesamtaufgabe besteht darin, die einzelnen Aufgaben so zu regeln, daß die Praxis erfolgreich und effizient funktioniert.

Darst. 4: Die Aufgaben in der Arztpraxis[49]

Verwaltungsaufgaben	Assistenzaufgaben
Abrechnung	Praxishygiene
Buchführung	Röntgen
Postein- und ausgang	Laboruntersuchungen
Patientendokumentation	Mitwirkung bei diagnostischen und thera-
Telefon- und Schriftverkehr	peutischen Maßnahmen
Materialwirtschaft	Umgang mit Arzneimitteln
Zahlungsverkehr	Anwendung und Pflege medizinischer Geräte
Mahnwesen	und Apparate

---

[47] Becker, Jochen: a.a.O., S. 225
[48] Vgl. Riepl, Bernhard J.: a.a.O., S. 159
[49] Frodl, Andreas: Organisation in der Arztpraxis, Abb. 2, [URL: http://www.multimedica.de/private/html/FUFBI400T/text0001.htm]

Organisationsbereiche sind[50]

- Materialwirtschaft: Das benötigte Arbeitsmaterial muß für die Behandlung zur Verfügung stehen und möglichst preisgünstig sein.

- Bestellsystem: Der Patient wird zu einem vereinbarten Termin behandelt. Dies führt zu einer gleichmäßigen Arbeitsauslastung und verringert damit die Wartezeiten für die Patienten.

- Behandlungsplanung: Ermöglicht den reibungslosen Ablauf der Behandlung des Patienten, indem die wichtigen Daten in einem Behandlungsblatt festgehalten werden und so jederzeit ablesbar für den Arzt sind.

- Abrechnungsorganisation: Eine richtige, vollständige und zeitgerechte Abrechnung ist für eine Arztpraxis von wesentlicher Bedeutung. Das Ergebnis der Privat- und Kassenliquidation ist sowohl Haupteinnahmequelle der Arztpraxis als auch Kontrolle des Behandlungs- und Patientenaufkommens. Durch vorbereitende Maßnahmen läßt sich eine zusätzliche Arbeitsbelastung zu den vorgeschriebenen quartalsweisen Kassenabrechnungsterminen verringern.

- Karteiführung: Karteikarten sind wichtige Dokumente. Eine gewissenhafte und ordentliche Führung der Patientenkartei erleichtert die Arbeit wesentlich. Fehlerhafte Eintragungen können zu unrichtigen Honorarforderungen führen und bei fehlenden Eintragungen können gar keine Ansprüche gestellt werden.

- Marketing: Die Arztpraxis ist ein Dienstleistungsunternehmen, das sich, um erfolgreich zu sein, marktorientiert verhalten und seine 'Produkte' so gut wie möglich 'verkaufen' muß.

2.2.7 Der Praxismarketing-Mix

Für die Umsetzung des Marketings der Arztpraxis bedarf es dem Einsatz des klassischen absatzpolitischen Instrumentariums, auch Marketing-Mix genannt. Für die Anforderungen einer Arztpraxis sieht der Praxismarketing-Mix folgendermaßen aus:

---

[50] Vgl. Frodl, Andreas: a.a.O.,
[URL: http://www.multimedica.de/private/html/FUFBI400T/text0001.htm]

Darst. 5: Der Praxismarketing-Mix [51]

Angebotspolitik	Preispolitik	Vertriebspolitik	Kommunikations politik
Angebots-Mix	*Preis-Mix*	*Vertriebs-Mix*	*Kommunikations-Mix*
Qualität der Leistungen	GKV-Honorare	Standort	Praxisbroschüre
Leistungsspektrum	Privatliquidation	Sprechzeiten	Praxis-Logo
Extraleistungen	Pauschalabsprachen	Vereinsbetreuung	Briefkopf/Anzeigen
Angebotsform Leistung	Gruppenverträge	Selbsthilfegruppen	Kommunikationsstil
Service/Information	Kostenbeteiligung	Altenheime	Vorträge/Literatur
Praxisausstattung	Servicehonorare	Kooperationen	

Unter dem Marketing-Mix für die Arztpraxis versteht man den konzertierten Einsatz der vier marketingpolitischen Instrumente Angebot, Preis, Vertrieb und Kommunikation mit dem Ziel, die Patientenbedürfnisse optimal zu befriedigen. Dabei ist die Praxis der Ort, an dem die Bedürfnisse des Patienten optimal befriedigt werden sollten.

2.3 Online-Praxismarketing

Das Internet gewinnt aufgrund des großen Online-Booms der letzten Monate immer mehr an Bedeutung für die Werbung und das Image von Unternehmen. Kein größeres Unternehmen kann es sich heute noch leisten, nicht mit einer eigenen Homepage im Internet vertreten zu sein.

Die Austauschbarkeit von Dienstleistungen sowie das Voraussetzen einer bestimmten Qualität durch die Patienten in einem Käufermarkt (bei steigendem Wettbewerb zwischen den Kollegen) macht eine Differenzierung über den Nutzen der Dienstleistung zunehmend schwieriger. Arztpraxen als Unternehmen stehen deshalb immer weniger in einem Dienstleistungswettbewerb und immer mehr in einem Kommunikationswettbewerb. Kommunikation ist deshalb zum zentralen Erfolgsfaktor avanciert. [52]

---

[51] Vgl. Riepl, Bernhard J.: a.a.O., Abb. 3, Die vier Säulen des Marketing-Mix für Marketing-Erfolg in der Arztpraxis, S. 55
[52] Vgl. Bruhn, Manfred/Dahlhoff, Dieter H.: Effizientes Kommunikationsmanagement, S. 2

28

Das Internet stellt diesbezüglich als Ergänzung zum klassischen kommunikationspolitischen Instrumentarium die ideale Plattform für die Verbreitung von praxisbezogenen Informationen dar. Seit der Novellierung der Musterberufsordnung der deutschen Ärztinnen und Ärzte durch den 100. Deutschen Ärztetag im Mai 1997 in Eisenach ist Ärzten auch die Präsentation von sachlichen, praxisbezogenen Informationen im Internet erlaubt. Es kann daher im Rahmen des Praxismarketings als ein weiteres Instrument zur Selbstdarstellung, Information und Kommunikation genutzt werden und potentielle Patienten für die Praxis interessieren, aber auch den vorhandenen Patientenstamm aktuell informieren.[53] Außerdem erleichtert das Internet die Suche nach dem 'richtigen' Arzt oder Spezialisten für persönliche medizinische Probleme. Dabei ist zu beachten, daß sich Online-Marketing für die ärztliche Dienstleistung komplexer darstellt als bei Gütern. „Bei Online-Marketing für Güter wird entweder für ein Produkt geworben oder dieses über Online-Dienste vertrieben (Kommunikation, Distribution). Im Gegensatz dazu kann bei Dienstleistungen ein Teil der Dienstleistung unmittelbar über das Medium Online erbracht werden"[54], z.B. durch eine Online-Beratung.

Das Ziel der Patientengewinnung bzw. -bindung kann vorrangig durch die Information über das Praxisangebot erreicht werden. Hierzu bedarf es einer gezielten Kommunikation, die mit Hilfe des immer populärer werdenden Mediums Internet erfolgen kann.

2.3.1. Das Internet

Als das Internet wird im heutigen Sprachgebrauch die weltweite Verbindung von Computern verstanden. Diese wird auch als das größte Computernetzwerk der Welt bezeichnet. Es setzt sich aus tausenden von LAN und WAN Netzwerken zusammen, die von Universitäten, Organisationen, Unternehmen und Privatpersonen betrieben werden. Dieser freiwillige Zusammenschluß diente zunächst auch der gemeinsamen Nutzung von Rechenleistung auf Großcomputern, heute steht jedoch der Austausch von Daten weitestgehend im Vordergrund.[55]

---

[53] Vgl. Korff, Florian: Internet für Mediziner, S. 217
[54] Altobelli, Claudia Fantapie/Hoffmann, Stefan: a.a.O., S. 52
[55] Vgl. Alpar, Paul: Kommerzielle Nutzung des Internet, S. 13

29

2.3.1.1 Entwicklung und Wachstum

Ein wichtiger Meilenstein auf dem Weg der Entwicklung des Internet war, im Jahre 1982, die Einführung eines gemeinsamen Übertragungsstandards, damit auch unterschiedliche Hard- und Software-Plattformen Daten austauschen konnten. Das TCP/IP (Transmission Control Program/Internet Protocol) stellte diesen Standard zur Verfügung. Dieses Protokoll wird bis heute verwendet und bildet die Basis für die Internet-Kommunikation. Im Laufe der Zeit kamen Dienste wie E-Mail, FTP (File Transfer Protocol), Usenet/Newsgroups, Gopher und andere dazu und machten die Nutzung des Internet immer einfacher und attraktiver. Seinen bisher größten Schub erhielt das Netz durch die Entwicklung und Verbreitung des World Wide Web (WWW), das 1991 von Tim Berners-Lee bei CERN (Conseil European pour la Recherche Nucleaire) entwickelt wurde. Dies ist, in Kombination mit der Entwicklung des ersten Web-Browsers 'Mosaic', der 1992 allen Interessierten von NCSA frei zur Verfügung gestellt wurde, ein wesentlicher Grund für das rasante Wachstum des Netzes in den letzten Jahren.[56] Anfang der 90er Jahre kamen außerdem immer mehr Teilnetze dazu. Diese unterliegen nicht den Restriktionen der Wissenschaftsnetze, auf denen kommerzielle Dienste in der Regel nicht erlaubt sind. Damit setzte die Entwicklung zu einem Massenmedium ein, in dem Unternehmen und private Nutzer eine große Rolle spielen. „Dabei ist davon auszugehen, daß die Attraktivität eines Mediums in direkter, positiver Beziehung zur Zahl der Teilnehmer steht."[57] Die kritische Masse, ab der es sich lohnt in einem neuen Medium präsent zu sein, ist mittlerweile erreicht. Das Anbieterwachstum stimuliert Anwenderwachstum und vice versa.[58] Für die Nutzer ist das Internet attraktiv, weil es viele interessante Inhalte bietet und für die Anbieter ist die Präsenz im Internet attraktiv, da eine große Zielgruppe durch eine direkte Kommunikation erreicht werden kann. Heute besteht das Internet aus über hunderttausend Netzen mit ca. vierzig Millionen angeschlossenen Computern.

---

[56] Vgl. Clasen, Ralf/Wallbrecht, Dirk U.: Internet für Kaufleute und Unternehmer, S. 5 ff.
[57] Meffert, Heribert: Marketing und neue Medien, S. 38
[58] Vgl. ebenda, S. 31

Darst. 6: Zahl der Internet Hosts[59]

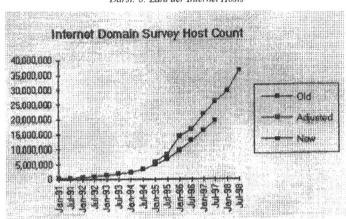

Da es keine zentrale Verwaltung des Internet gibt und das Wachstum exponentiell ist, können keine exakten Angaben über die Anzahl der angeschlossenen Computer oder die Anzahl der Nutzer gemacht werden. In Deutschland sind derzeit 1.362.940 Computer in 61.995 Teilnetzen registriert.[60] Eine nachlassende Wachstumsrate des Internet ist derzeit nicht abzusehen. Das Marktforschungsinstitut 'Input' prognostiziert für das Jahr 1999 einen globalen Internet-Markt von 200 Milliarden Dollar.[61] Da die Anzahl privater als auch kommerzieller Nutzer des Internet stetig zunimmt, ist dieses mittlerweile als Werbe- und Vertriebsmedium interessant.

2.3.1.2 Organisation und Kontrolle

Das Internet wird oft als chaotisch und anarchistisch bezeichnet, da es keine zentrale Verwaltung hat und sich aufgrund seiner internationalen Ausbreitung weitgehend der gesetzlichen Reglementierung durch Nationalstaaten entzieht. Dennoch gibt es Institutionen, die das Internet reglementieren und für seine Weiterentwicklung sorgen. Die *Internet Society* ist das Forum, in dem neue Standards diskutiert und beschlossen werden. In verschiedenen Unterorganisationen (Internet Architecture Board, Internet Engineering Task Force, Internet Research

---

[59] Network Wizards: Internet Domain Survey, July 1998, [URL: http://www.nw.com/zone/hosts.gif]
[60] Vgl. DE-NIC: Das Wachstum des Internet, [URL: http://www.nic.de/Netcount/netStatOverview.html]
[61] Vgl. Zimmer, Jochen: Online-Dienste für ein Massenpublikum?, S. 476

31

Task Force) und deren Arbeitsgruppen werden Vorschläge entwickelt und abgestimmt. Charakteristisch für die basisdemokratische Struktur des Internet ist, daß die Mitgliedschaft in der Internet Society und ihrer Unterorganisationen für jedermann offen ist. Sowohl die Diskussionspapiere, als auch die verabschiedeten Standards werden als 'Requests for Comments' veröffentlicht. Es steht jedoch in der freien Entscheidung der Systemverwalter der Internet Teilnetze, ob sie diese Standards auch implementieren. Die grundlegenden Standards werden generell implementiert, da sonst die Kommunikation im Internet nicht funktionieren würde. Änderungen und Erweiterungen der Standards können jedoch nur etabliert werden, wenn sie von den unabhängigen Teilnetzen akzeptiert werden.[62] Einzig die Internet Assigned Number Authority und die von ihr beauftragten Network Information Centers haben normative Kompetenzen: sie vergeben die IP-Adressen und Domain-Namen und sorgen dafür, daß jede Adresse und jeder Domain-Name einzigartig ist. Gerade die scheinbar unorganisierte Struktur fördert die Entwicklung neuer und innovativer Applikationen, an die beim Entwurf der Netze niemand gedacht hat. Neue Möglichkeiten schaffen eben neue Ideen. Jeder angeschlossene Rechner, auch der eigene, kann ohne irgendwelche Formalitäten zum Dienstanbieter werden.[63] Ob neue Inhalte oder sogar neue Anwendungen von den Internet-Nutzern angenommen werden, entscheidet ausschließlich der Markt[64]. Dies ist der Hauptgrund für das unvergleichlich schnelle Wachstum des Internet und seiner heutzutage bekanntesten Anwendung, des World Wide Web. Das Internet hat sich bisher erfolgreich gegen die Dominanz einzelner Unternehmen oder Interessengruppen gewehrt. Neue Standards werden nur akzeptiert, wenn sie offene Standards sind, d.h. die grundlegenden Funktionsweisen und Schnittstellen werden veröffentlicht und können von jedem (auch der Konkurrenz) implementiert werden. Nur die Qualität der Umsetzung des offenen Standards entscheidet dann über den Erfolg auf dem Markt. Dies führt zu der unvergleichlichen Dynamik im Internet. So hat die oft beklagte Unübersichtlichkeit des Internet dazu geführt, daß es eine große Zahl konkurrierender Internet-Verzeichnisse gibt, die äußerst leistungsfähig sind; der Markt fördert bedürfnisorientierte Lösungen schneller als es eine zentrale Steuerung je könnte.[65]

---

[62] Vgl. Lammarsch, Joachim/Steenweg, Helge: Internet & Co., S. 5
[63] Vgl. Schneider, Gerhard: Eine Einführung in das Internet, S. 263
[64] Als „Markt" wird hier das Zusammentreffen von Angebot (neue Ideen, Standards und Anwendungen) und Nachfrage (Akzeptanz durch die Internet-Nutzer) verstanden. Im Gegensatz zu den meisten Märkten fließen im Internet noch sehr geringe Geldströme.
[65] Vgl. Schneider, Gerhard: a.a.O., S. 270

2.3.1.3 Netiquette

Aus der Historie eines wissenschaftlichen Netzwerks, das zum Austausch von Informationen zwischen höher gebildeten Personen genutzt wurde, hat sich im Internet ein gewisses Regelwerk über die Nutzung und die Umgangsformen in diesem gebildet. In der Literatur wird häufig von einer Netzkultur gesprochen. Diese schlägt sich zum Beispiel in den Verhaltensregeln der 'Netiquette' nieder, die für verschiedene Bereiche des Netzes ganz unterschiedlich sein kann. So gilt es im Usenet beispielsweise als sehr unfein, sogenanntes 'Spamming' zu betreiben. Darunter versteht man das Verschicken von werbenden E-Mails in vielen Newsgroups, mit dem einzigen Zweck, auf sein Produkt oder seine Homepage aufmerksam zu machen, ohne einen konstruktiven Beitrag zur Diskussion in der Gruppe zu leisten. Die Folgen einer solchen Aktion können sehr unangenehm sein; dies mussten auch die Rechtsanwälte *Canter & Siegel* aus Phoenix, Arizona feststellen, als sie Werbung für ihre Rechtsberatung in Tausende von Newsgroups verschickten. Das Ergebnis war, daß ihre Mailbox mit einer solchen Menge Protest-Mails bombardiert wurde, daß sogar der Knotenrechner, über den sie angeschlossen waren, für Stunden blockiert war. Zwar behaupten *Canter & Siegel*, durch diese Aktion 50.000 Dollar verdient zu haben, doch ist der Imageschaden, den sie selbst dadurch davongetragen haben wahrscheinlich erheblich größer. Ganz abgesehen davon können sie dadurch, daß der Knotenrechner ebenfalls blockiert gewesen ist, auch anderen Unternehmen erheblichen Schaden zugefügt haben, weil Interessenten zu dieser Zeit nicht auf deren Informationsangebot zugreifen konnten. Um solche Fehler zu vermeiden, erscheint es durchaus sinnvoll, sich durch Beobachtungen und, wenn verfügbar, Lektüre der jeweiligen Regeln über die jeweilige Netiquette innerhalb eines Bereiches des Netzes zu informieren und diese zu beachten. Dabei sollten aber auch Veränderungen dieser Regeln beobachtet und darauf reagiert werden, besonders wenn sie schärfer werden; aber auch wenn sich eine Lockerung abzeichnet kann es durchaus von Vorteil sein von diesen zu wissen und sie zu nutzen.[66]

---

[66] Vgl. Schott, Barbara/Brinschwitz, Thorsten/Nowara, Frank-Marc: Kunden gewinnen im Internet, S. 66 f.

2.3.1.4 Dienste

Um das Verständnis in den weiteren Ausführungen zu vereinfachen, sollen an dieser Stelle einige, zur Zeit häufig genutzte Dienste kurz beschrieben werden.

2.3.1.4.1 E-Mail

E-Mail gehört zu den ältesten und am häufigsten genutzten Diensten im Internet. Mit Hilfe dieses Dienstes kann jeder Internet-Nutzer, der auch über eine eigene E-Mail-Adresse verfügt (eigentlich fast alle Nutzer) Nachrichten an andere Netzteilnehmer in aller Welt versenden. Das geschieht in der Weise, daß der Sender mit Hilfe eines Mail-Programms eine Nachricht schreibt, diese mit der E-Mail-Adresse des Empfängers versieht und an diesen absendet. Zusätzlich kann man heute mit den meisten Mail-Programmen auch Dateien, wie z.b. Bilder, Programme oder auch eine Excel-Tabelle an ein E-Mail anhängen und an einen weit entfernten Empfänger versenden. Die Übertragung dauert je nach Größe der Nachricht, der angehängten Datei und der Netzauslastung zwischen wenigen Sekunden und einigen Minuten. Über Gateways haben einige Unternehmen sogar die Möglichkeit geschaffen, aus dem E-Mail-System heraus Nachrichten an einen herkömmlichen Telefaxanschluß zu verschicken, oder auch über das SMS (Short Message System) Mitteilungen an ein Mobiltelefon in einem der Mobilfunknetze (D1, D2, E-Netz) zu versenden. Schließlich basieren auch die Mailing-Listen, ein dem Usenet ähnlicher Dienst, auf dem E-Mail-System.[67]

2.3.1.4.2 Das World Wide Web

Mit dem World Wide Web (WWW) hat sich ein System etabliert, das zunehmend zum Standard-Informations- und Transaktionssystem wird. Als Informationssystem dient es jedermann zur Bereitstellung und zum Abruf von Informationen. Die Informationen können dabei aus Text, Grafik, Ton, Foto und Film sowie deren Kombination bestehen; deshalb bezeichnet man das WWW auch als 'Hypermedia-System'. In diesem Zusammenhang hat sich mit dem Begriff 'Hypertext' ein weiterer Computerfachbegriff etabliert: „Hypertext...bietet..die Möglichkeit, Informationen im Internet strukturiert anzubieten und die vorhandene Informations-

---

[67] Vgl. Pelkmann, Thomas/Freitag, Reinhild: Business-Lösungen im Internet, S. 21 f.

fülle etwas übersichtlicher zu gestalten. Hypertextdokumente sind Textdateien, die über Schlüsselwörter (Links) mit anderen Dokumenten verbunden sind."[68] Diese Vorgehensweise des Hin- und Herspringens zwischen Dokumenten ist gemeinhin auch als 'Surfen im WWW' bekannt. Dieses 'Surfen' stellt dabei eine eher unsystematische Suche nach Informationen im World Wide Web dar. Für die gezielte Suche haben sich mit den sogenannten Suchmaschinen Datenbanken im WWW durchgesetzt, die nach dem Eingeben bestimmter Suchkriterien auf jene Web-Dokumente verweisen, welche die jeweilige Thematik behandeln. Zu den bekanntesten Suchmaschinen zählen u.a. 'Alta Vista', 'Lycos', und 'Yahoo'.

Eine andere Möglichkeit bestimmte Web-Sites aufzurufen besteht darin, die genaue Adresse des gewünschten Dokumentes anzugeben. Dazu besitzt jeder 'Browser' (z.B. Netscape Navigator) eine entsprechende Eingabezeile, in welche die genaue Adresse des Web-Dokumentes, der sogenannte 'URL (Uniform Resource Locator)' eingegeben wird. Der URL von WWW-Dokumenten beginnt dabei in der Regel mit 'http://www.'. Um beispielsweise die deutschsprachige Version der Suchmaschine Yahoo aufzurufen, wäre der URL: 'http://www.yahoo.de' einzugeben. Als Transaktionssystem ermöglicht es das WWW, Interaktionen, wie z.B. die elektronische Bestellung von Waren zu übernehmen.

Die große Popularität des WWW hat jedoch auch Schattenseiten. So wird durch die Übertragung vieler bunter Bilder oder von Tondokumenten die Übertragungskapazität des Netzes teilweise bis zu ihrer Grenze belastet. Desweiteren wird es durch das gewaltige Informationsangebot immer schwerer, die interessanten und sinnvollen Informationen zwischen den immer größer werdenden Mengen von 'Informationsmüll' zu selektieren.[69]

2.3.1.4.3 Usenet/Newsgroups

Das Usenet ist ein Bereich, der auch als 'absolute Demokratie' bezeichnet wird, denn hier können die Internet-Nutzer an ca. 10.000 verschiedenen Diskussionen über die unterschiedlichsten Themen teilnehmen. Jeder Nutzer mit einem News-Client-Programm kann einzelne Newsgroups die zu seinem Interessenbereich passen anfordern und die Nachrichten

---

[68] Alpar, Paul: a.a.O., S. 95
[69] Vgl. Clasen, Ralf/Wallbrecht, Dirk U.: a.a.O., S. 59 ff.

(Postings) der anderen Teilnehmer lesen und sich zu dem Gelesenen auch äußern, indem er seine Meinung an die Newsgroup zurückschickt. Dann können alle Teilnehmer diese Nachricht lesen und auch darauf reagieren. Das Spektrum reicht von Computerbezogenen Themen, wie Hardware, Betriebssysteme und Anwendungsprogramme über Buchbesprechungen, Jobangebote, bis hin zu psychologischen, esoterischen und religiösen Diskussionen.[70]

2.3.1.4.4 File Transfer Protocol (FTP)

FTP steht für 'File Transfer Protocol' und ist ein Verfahren zum Dateitransfer im Internet. Im Internet stehen zahllose Dateien mit wertvollen Informationen auf sogenannten 'FTP-Servern' zum Download bereit. Mit Anwendungsprogrammen, Treiber-Software, Spielen oder Betriebssystemen (z.B. Linux) sind im Internet Software-Sammlungen jeglicher Art verfügbar. Das Kontaktieren der FTP-Server ähnelt dem Aufrufen von Web-Sites. In der Eingabezeile des Browsers wird der URL des FTP-Servers eingegeben. Dabei beginnt der URL anstelle mit 'http://www.' in der Regel mit 'ftp://ftp.'. Um diese Adresse des FTP-Servers, der die geeignete Software parat hält zu erfahren, lassen sich auch hier Suchmaschinen befragen. Jene Such-Services, die jede beliebige Datei aus dem riesigen Datenreservoir der internationalen FTP-Server heraussuchen, nennen sich 'Archies'. Im Internet gibt es eine Vielzahl verschiedener Archie-Server, die aber alle auf den gleichen Datenbestand zurückgreifen.[71]

2.3.1.4.5 Mailing-Listen

Mailing-Listen sind eine etwas privatere Version des Usenet. Bei diesem auf E-Mail basierenden Dienst werden die Nachrichten nicht öffentlich auf einem News-Server gespeichert, sondern direkt von einem Listenbetreiber an die einzelnen E-Mail-Adressen der Mitglieder der Mailing-Listen weitergeleitet. Bei Mailing-Listen kennt also der Betreiber die E-Mail-Adressen aller Teilnehmer. In der Praxis bedeutet dies, daß Mailing-Listen-Diskussionen üblicherweise auf einem etwas höheren Niveau geführt werden und weniger nicht zum Thema passende (Off-Topic-) Nachrichten enthalten. Um das Niveau und die Ordnung noch etwas zu steigern, wurden moderierte Mailing-Listen eingeführt, bei denen die Nachrichten und

---

[70] Vgl. Alpar, Paul: a.a.O., S. 65 ff.
[71] Vgl. ebenda, S. 69 ff.

Antworten an einen Moderator gesandt werden, der diese liest und an die anderen Teilnehmer weiterleitet, wenn sie zum Thema gehören, und andere in der Liste vereinbarte Kriterien erfüllen. Da hier ein Mensch als Filter arbeitet, sind diese Listen zwar meist von besonders hoher Qualität, jedoch besitzen sie weder die Aktualität noch die Spontanität einer unmoderierten Diskussion oder einer Newsgroup.[72]

2.3.1.4.6 Internet-Relay-Chat (IRC)

Der Internet-Relay-Chat ist ein System, über das sich viele Personen irgendwo im Netz miteinander nahezu in Echtzeit unterhalten können, wobei die Nachrichten in geschriebener Form übermittelt werden. Der IRC kann als eine Online-Version der Newsgroups bezeichnet werden. Auch hier gibt es sogenannte Channels für die verschiedensten Themenbereiche, in denen sich Gleichgesinnte unterhalten können.[73]

2.3.1.5 JAVA

Das neue Zauberwort im Internet heißt JAVA. JAVA ist eine von Sun entwickelte Programmiersprache, die auch in HTML-Dokumente, also in eine WWW-Seite, eingebunden werden kann. Ein in der Programmiersprache JAVA erstelltes und in eine Web-Seite integriertes Programm kann von den Browsern, Hot Java und Netscape Navigator ab Version 2.0 ausgeführt werden. JAVA-Programme sind deshalb so interessant, weil sie Hardware- und Betriebssystemunabhängig auf jedem Rechner mit javafähigem Browser arbeiten. Durch dieses System ist es möglich, auch Programme auf einem Web-Server bereitzuhalten, die der Internet-Nutzer verwenden kann, ohne sie auf seinem Rechner installiert zu haben. Einsatzgebiete sind interaktive Anzeigen, Laufschriften oder Spiele, aber auch größere Anwendungen wie Textverarbeitungsprogramme oder Tabellenkalkulationen sind zu realisieren.

2.3.1.6 Internet-Nutzer

Um erfolgreiches Marketing zu betreiben, ist eine möglichst genaue Kenntnis der erreichba-

---

[72] Vgl. Alpar, Paul: a.a.O., S. 57 f.
[73] Vgl. ebenda, S. 89 f.

ren Zielgruppe in Bezug auf Quantität und Qualität sehr bedeutend. Eine genaue Zahl der Benutzer ist vor dem Hintergrund des rasanten Wachstums allerdings nicht zu ermitteln. Viel wichtiger ist die Überlegung, ob zur Zeit schon oder in naher Zukunft Mitglieder der aktuell angepeilten Zielgruppe im Internet sind und ob das Internet als globales Medium neue Mitglieder zu dieser Zielgruppe hinzufügen kann. Das Internet entwickelt sich immer mehr zu einem Medium für alle Bevölkerungsgruppen. Während sich noch vor nicht allzulanger Zeit fast ausschließlich Studenten und ein eher kleiner und elitärer Kreis von Spezialisten mit dem Internet beschäftigten, kommen die Nutzer heute bereits aus verschiedensten Schichten der Bevölkerung. Dies zeigt der Anstieg des durchschnittlichen Alters der deutschen Internet-Nutzer, welches von 33 Jahren im Herbst 1997 auf 35,5 Jahre im Juni 1998 angestiegen ist. Desweiteren läßt sich feststellen, daß das Internet zu einem großen Teil von Männern genutzt wird. Der prozentuale Anteil liegt bei 84,5%. Der Anteil der Frauen nimmt allerdings, insbesondere in den jüngeren Nutzergruppen, weiterhin zu: er stieg von 12,2% im Herbst 1997 auf 15,5% im Juni 1998. Internet-Nutzer können im Durchschnitt einen höheren Schulabschluß nachweisen, 63,9% absolvierten das Abitur und 23,4% den Realschulabschluß. Es läßt sich festhalten, daß die Nutzer des Internet im Schnitt gebildeter sind als der Durchschnitt der Bevölkerung, über ein höheres Haushaltsnettoeinkommen verfügen, technisch interessiert und eher in größeren als in kleineren Städten zu finden sind.[74]

Darst. 7: Demographische Basisdaten[75]

Geschlecht:	84,5% Männer	Schulabschluß:	3,9% (bisher) keiner
	15,5% Frauen		8,8% Hauptschulabschluß
	100,0% Gesamt		23,4% Mittlere Reife
			63,9% Abitur
Berufliche Tätigkeit:	17,1% Studenten		
	43,6% Angestellte	Alter:	35,5 Jahre
	16,3% Selbständige	(Durchschnitt)	
	8,0% Schüler/Auszubildende		
	2,4% Doktoranden		
	4,5% Beamte		
	8,1% Sonstige		
	100,0% Gesamt		

Die meisten Internet-Nutzer benutzen das Internet sowohl privat als auch geschäftlich.

---

[74] Vgl. Fittkau, Susanne/Maaß, Holger: 6. W3B-Umfrage April/Mai 1998,
[URL: http://www.w3b.de/ergebnisse/w3b6]
[75] Ebenda, [URL: http://www.w3b.de/ergebnisse/w3b6/demographie.html]

Wichtigster Grund für die Nutzung des Internet ist das Abrufen aktueller Informationen und Nachrichten, auch Neugier und Unterhaltung spielen für viele deutschsprachige Internet-Nutzer eine wichtige Rolle. Insbesondere Männer schätzen die Möglichkeit, Software herunterzuladen.[76]

Darst. 8: Motivation für die WWW-Nutzung[77]

Geschäftlich/beruflich	Privat	Uni/Schule/Wissenschaft
69,4% sehr oft/oft	55,3% sehr oft/oft	44,3% sehr oft/oft
27,8% gelegentlich	26,1% gelegentlich	27,5% gelegentlich
2,3% gar nicht	17,2% gar nicht	1,5% weiß nicht
0,5% weiß nicht	1,4% weiß nicht	100,0% gesamt
100,0% gesamt	100,0% gesamt	

Die beliebtesten Internet-Anwendungen sind:[78]

→ 95,8% E-Mail	→ 21,3% Übertragung von Audio oder Video
→ 95,0% World Wide Web	→ 19,9% Internet-Telefon oder Telefax
→ 74,0% File Transfer	→ 16,2% Digitale Signaturen (Verisign, RSA)
→ 34,8% Newsgroups, Usenet	→ 9,3% 3D-Welten, Virtual Reality (VRML)
→ 31,9% Java - Scripts	→ 8,8% Video-Konferenzen via Internet
→ 26,6% Chat	→ 4,9% Push-Technologien/-Channels

Wegen der steigenden Popularität des Internet und des damit einhergehenden Wachstums der Internet-Nutzer (nicht nur Computerbegeisterte) ist das 'Netz der Netze' mittlerweile für die betriebswirtschaftliche Nutzung, insbesondere für das Marketing, sinnvoll geworden. Dies zeigt auch die steigende Zahl der Unternehmen in Deutschland, die über eine eigene Web-Seite verfügen. 1997 präsentierten sich bereits 50.280 Firmen im Internet, das sind 16% aller deutschen Unternehmen.[79]

2.3.1.7 Zugang zum Internet

Will man ins Internet, benötigt man neben einer geeigneten Hard- und Software-Ausstattung auch einen Internet-Zugang. Diesen erhält man - sei man Privatanwender oder Unternehmen -

---

[76] Vgl. Fittkau, Susanne/Maaß, Holger: 6. W3B-Umfrage April/Mai 1998, [URL: http://www.w3b.de/ergebnisse/w3b6]
[77] Ebenda, [URL: www.w3b.de/ergebnisse/w3b6/nutzung2.html]
[78] Ebenda, [URL: http://www.w3b.de/ergebnisse/w3b6/nutzung3.html]
[79] Vgl. Business Online Marktstudie 1997: Internet-Nutzung deutscher Unternehmen, [URL: http://www2.business-online.de/bo/umfrage/3-1.htm]

bei einem Online-Dienst oder bei einem Provider.

Als technische Voraussetzung für das Anbieten einer Information-Site wird leistungsfähige Hardware benötigt. Man stellt in der Regel einen oder mehrere Rechner als Server zur Bewältigung dieser Aufgabe ab. World Wide Web-Server beispielsweise erfordern eine hohe Reaktionsgeschwindigkeit, um dem Benutzer ein gewisses Maß an Interaktion zu bieten. Um einen Internet-Server aufzubauen, genügt eigentlich schon ein handelsüblicher, leistungsfähiger PC mit dem Betriebssystem Linux. Es gibt außerdem einige Softwareprodukte für Apple Macintosh und Microsoft Windows, die die Systemadministration übernehmen. Allerdings sind diese Lösungen großen Anforderungen nicht gewachsen. Einige namhafte Hersteller wie Siemens Nixdorf oder Apple bieten auch preiswerte Komplettsysteme an, die mit vorkonfigurierter Hard- und Software ausgestattet sind und dadurch den Aufwand für die Einrichtung minimiert.[80]

„Bezogen auf die Recherche im Internet vermittelt die Software..zwischen Benutzer, Computer und den Netzdiensten. Sie interpretiert die aus dem Netz kommenden Datenpakete, so daß der heimische PC diese verwalten kann, und stellt diese in einer dem Benutzer verständlichen Form auf dem Bildschirm dar."[81] Der Browser Netscape Navigator ist derzeit das meistbenutzte 'Universalprogramm'. Hier ist „die Integration mehrerer Dienstprogramme in ein einziges..für den Anwender sicherlich von großem Nutzen, da er nicht mehr die Bedienweisen vieler einzelner Programme erlernen muß. Eine Einheitlichkeit der Gestaltung und der Benutzerführung ermöglicht dem Anwender ein schnelles, intuitives Bedienen der Programme und somit eine effektive Recherche."[82]

Um die aus dem Internet stammenden oder ins Internet gehenden Anfragen zu beantworten, werden Server-Programme eingesetzt. Diese kann man als Server-Softwarepakete beziehen oder teilweise auch aus dem Internet herunterladen. Beispiele hierfür sind Proxy-Server oder Firewall-Programme.[83]

---

[80] Vgl. Clasen, Ralf/Wallbrecht Dirk U.: a.a.O., S. 157 ff.
[81] Ebenda, S. 25
[82] Ebenda, S. 26
[83] Vgl. ebenda, S. 160 f.

2.3.1.7.1 Zugang durch Online-Dienste

AOL, CompuServe und *T-Online* sind die größten und wichtigsten in Deutschland tätigen Online-Dienste. Sie bieten im Rahmen einer entgeltlichen Bereitstellung eines Internet-Zugangsanbietern die Möglichkeit ein eigenes Online-Angebot innerhalb der Dienste zu präsentieren. Hier wird eine Präsentationsfläche angemietet. Man wird dadurch zum Informationsanbieter, auch 'Content Provider' genannt. Es wird eine enge Partnerschaft mit dem Online-Dienst eingegangen. Nachteil dieser Partnerschaft ist die geschlossene Struktur der Online-Dienste. Das Angebot richtet sich größtenteils nur an die Mitglieder des Online-Dienstes. Auch die eigene Corporate Idendity muß zugunsten des Online-Dienstes zurückstehen, da sich das eigene Angebot der Gesamtkonzeption des Online-Dienstes unterwirft. Die Adresse würde beispielsweise lauten: 'http://www.online-dienst.de/praxis' oder 'http://www.praxis.online-dienst.de'.

Die Online-Dienste stellen ihren Mitgliedern auch kostenlos Speicherplatz für die eigene Homepage zur Verfügung. Die für die Gestaltung benötigten Programme werden vom Internet heruntergeladen. Der Speicherplatz beträgt allerdings nur ein bis zwei Megabyte. Man stößt insbesondere durch Grafiken usw. schnell an die Grenzen des Speicherplatzes. Außerdem wirkt diese Form der Präsentation auf Kunden recht unprofessionell. Hiervon ist deshalb eher abzuraten.[84]

2.3.1.7.2 Zugang durch Provider

„Weitaus professioneller ist es, die Seiten einer Homepage auf dem Server eines Providers abzulegen."[85] Preislich bestehen teilweise große Unterschiede, es lohnt sich also auf jeden Fall ein Preisvergleich. Die Kosten für den Anschluß setzen sich ähnlich wie bei den Online-Diensten zusammen. Eine monatliche Grundgebühr, in der alle Kosten enthalten sind, ein Tarif, der vom Volumen der Daten abhängig ist oder eine Kombination aus beiden. Um einen Überblick der Provider zu erhalten empfiehlt es sich einen Blick in eine Suchmaschine (z.B. Yahoo) zu werfen und unter dem Suchbegriff 'Provider' die Angebote anzusehen. Im Nor-

---

[84] Vgl. Schott, Barbara/Brinschwitz, Thorsten/Nowara, Frank-Marc: a.a.O., S. 23 f.
[85] Lamprecht, Stephan: Marketing im Internet, S. 79

malfall sollte man sich für einen Provider mit dem am besten auf die eigenen individuellen Bedürfnisse zugeschnittenen Leistungsangebot entscheiden.[86]

„Der Provider stellt die Verbindung zum Internet her und bietet weitere Dienstleistungen, z.B. die Lagerung des erstellten Angebots auf seinen Servern. Diese Variante nennt man Server-Sharing. Dies bringt den Vorteil, daß die Belastung der eigenen Rechner gering ist. In der Regel muß darüber hinaus keine Standleitung zum Provider unterhalten werden. Es besteht auch die Möglichkeit, einen eigenen Rechner in den Räumlichkeiten des Providers zu plazieren. Auch hierbei entfällt die kostenintensive Anbindung an den Provider per Standleitung. Wenn man die hohen Kosten für einen Internet-Server (für die Bereitstellung der Homepage) in Betracht zieht, ist in den meisten Fällen das Server-Sharing die wirtschaftlichste Lösung. Es sei denn das geplante Angebot ist so umfangreich, daß die Mietkosten (Server-Sharing) höher sind als die Kosten für einen eigenen Server."[87] Da das Angebot von Providern meist erst mit einem Speicherplatz von fünf Megabyte beginnt, hat man weitaus größere Möglichkeiten anspruchsvolle Graphiken zu gestalten.

Der am professionellsten wirkende Internetauftritt allerdings beginnt mit einem eigenen Domainnamen. Hier lautet die Adresse im Gegensatz zu der eines Online-Dienstes z.B. 'http://www.drgroß.de'. Dieser Domainname wird extra reserviert, vorausgesetzt der Name ist nicht schon an einen anderen Anbieter vergeben worden. Die Registrierung erfolgt über das zuständige *Network Information Center (NIC)*, in Deutschland z.B. DE-NIC. Hierbei fällt eine einmalige Bearbeitungsgebühr von ca. 250 DM sowie eine monatliche Gebühr von ca. 25 DM an.[88] Vorteil einer eigenen Domain ist die Unabhängigkeit (z.B. gegenüber Online-Diensten) und der direkte Adressenzugriff (eigener Name), wodurch eine größere Chance besteht im Internet gefunden zu werden.

Bei der großen Zahl der Provider fällt es schwer, sich für den Richtigen zu entscheiden. Einige Auswahlkriterien als Entscheidungshilfe:[89]

---

[86] Vgl. Lamprecht, Stephan: a.a.O., S. 35 ff.
[87] Schott, Barbara/Brinschwitz, Thorsten/Nowara, Frank-Marc: a.a.O., S. 25
[88] Vgl. Lamprecht, Stephan: a.a.O., S. 80
[89] Vgl. Alpar, Paul: a.a.O., S. 133 ff.

- *Netzwerkzuverlässigkeit*
Das Netz des anbietenden Providers sollte störungsfrei laufen.

- *Netzwerkdurchsatz*
Die Informationsnachfrager sollten nicht zu lange auf Informationen warten müssen, da sie die Homepage sonst schnell wieder verlassen und so keine Kommunikation stattfinden kann.

- *Sicherheit*
Bezieht sich auf die zu treffenden Sicherheitsmaßnahmen des Providers, Informationssabotage oder ähnliches durch dritte vorzubeugen.

- *Benutzungsrestriktionen*
werden hauptsächlich privaten Nutzern auferlegt, z.B. beschränkte Nutzungszeit und -dauer oder Benutzerinhalte.

- *lokaler Anschluß*
Der Nutzer sollte sich durch einen lokalen Anruf beim Provider ins Internet einwählen können.

- *Kundenunterstützung und -dienst*
Man sollte das auch außerhalb der gewöhnlichen Arbeitszeiten erwarten können.

- *Kosten*
Der Kunde sollte einen Provider wählen, der das den eigenen Vorstellungen entsprechend beste Preisschema bietet.

- *Reputation und Zukunftspläne*
Vor der Entscheidung für einen Provider sollte man sich bei Kunden oder in Diskussionsgruppen über dessen Reputation informieren. Man sollte den Provider außerdem befragen, welche Zukunftspläne er hat, denn nur diejenigen, die sich am rasant wachsenden Internet orientieren, können adäquate Dienstleistungen bieten.

2.3.1.7.3 Andere Zugangswege

Die Ärztekammern beabsichtigen Homepages ihrer Mitglieder nach einem einheitlichen Qualitätsstandard zu erstellen. Ziel dabei soll die Kontrolle über die Einhaltung des rechtlich vorgeschriebenen Werbeverbots sein. Vorteil für die Patienten wäre, aufgrund des zentralen Zugangs über die Kammern, ein schnelleres Finden des gesuchten Arztes.

Auch medizinische Online-Dienste wie 'multimedica' bieten kostenfreie Homepages für Ärzte, Kliniken und Mediziner in Ausbildung und Verwaltung an. Voraussetzung für die Registrierung ist der Arztnachweis mittels Praxisstempel bzw. Approbation.

Eine weitere Möglichkeit des Zugangs bieten Ärzteinitiativen, die ihren Mitgliedern einen Online-Auftritt, z.B. in Anlehnung an die Ärztetafel im Telefonbuch, ermöglichen.[90]

---

[90] Vgl. Riepl, Bernhard J.: a.a.O., S. 244

2.3.1.8 Kosten der Internet-Nutzung

Der Markt der Internetzugangsanbieter ist sehr in Bewegung. Es ist deshalb schwer, eine einheitliche Preisstruktur festzustellen, gerade weil bei vielen Providern die Tarifstruktur recht unübersichtlich ist. Festgehalten werden kann nur, daß nach oben hin preislich kaum Grenzen gesetzt sind. Für private Nutzer kostet der Internet-Zugang in der Regel weniger als ein Kabelfernseh-Anschluß.

Ein Zugang über Online-Dienste setzt sich aus einer monatlichen Grundgebühr und zeitabhängigen Online-Gebühren zusammen. Es gibt auch Internet-Provider, die ihren Kunden den Zugang zu einem Pauschaltarif (um 30 DM pro Monat) ermöglichen. Die Kosten für Unternehmen hängen von der beanspruchten Leistung ab. Die Einrichtungskosten für einen Serverplatz betragen ab 50 DM, die monatlichen Kosten ebenfalls ab 50 DM. Die Reservierung für eine deutsche 'de'-Domain kostet einmalig ab 250 DM, die monatliche Gebühr ab 25 DM. Ein Anschluß über ein Modem kostet ab 35 DM und ein Hochgeschwindigkeitsanschluß (ISDN) ab 6.000 DM.

Die Kosten für die inhaltliche Gestaltung und eventuelle Programmierung einer Datenbankanbindung kostet zwischen einigen Tausend DM bis hin zu einigen Hunderttausend DM.[91]

2.3.1.9 Entwicklungsprognosen

Das Internet steht erst am Anfang seiner Entwicklung zu einem Massenmedium. Die bisherige von exponentiellem Wachstum gekennzeichnete Entwicklung ist sehr beeindruckend. Die technischen Innovationen allerdings werden nur dann zu einem Erfolg des Internet führen, wenn sie echte Bedürfnisse der Nutzer befriedigen. Wichtiger als die Entwicklung neuer Techniken ist deshalb die Akzeptanz durch die Nutzer. Die positiven Zukunftserwartungen basieren zum großen Teil auf der erwarteten technischen Weiterentwicklung. „Im wesentlichen ist die Stimmung, ja Euphorie, vergleichbar mit jener bei der Einführung des Bildschirmtextes, dem bekanntlich, zumindest in Deutschland, der erhoffte Erfolg versagt

---

[91] Vgl. Schott, Barbara/Brinschwitz, Thorsten/Nowara, Frank-Marc: a.a.O., S. 137 ff.

blieb."[92] Das Internet hat dagegen den Vorteil, daß es sich zunächst im geschützten Umfeld der Universitäten und Forschungsnetze entwickeln konnte. Als die Technik einen gewissen Reifegrad und insbesondere eine für Normalanwender akzeptable Benutzerfreundlichkeit erreicht hatte, kamen die kommerziellen Anbieter ins Internet und konnten auf eine schon sehr große potentielle Kundengruppe zugreifen.

Die Akzeptanz des Internet durch private Nutzer hängt davon ab, ob es einen deutlichen Nutzenzuwachs gegenüber den klassischen Kommunikationsmedien ermöglicht, der den nötigen Aufwand kompensiert. Das Internet steht im Wettbewerb mit bestehenden Medien und muß besser, schneller, preisgünstiger, bequemer oder sicherer als die konventionellen Kommunikationsmedien sein. Wenn ein Konsument keinen Bedarf an schneller, preiswerter überregionaler Kommunikation hat, sind E-Mail oder Newsgroups nicht sehr attraktiv. Wenn kein Bedarf an dem Angebot deutscher und internationaler Universitäten und Unternehmen besteht, kann das World Wide Web nur wenig Nutzen stiften.

Wer einen PC hat und schon über CD-ROMs Erfahrungen mit Multimedia-Anwendungen gesammelt hat und eventuell sogar schon ein Modem besitzt, für den ist es nur ein sehr kleiner Schritt, die Schnupperangebote der Online-Dienste und Internet-Provider zu nutzen. Wer jedoch noch keine Computererfahrung hat, für den ist dieser Schritt recht groß. Dabei geht es weniger um das Erlernen der Bedienung der wichtigsten Anwendungen im Internet. Das Problem liegt vielmehr in der Überwindung von psychologischen Hemmschwellen und Technikangst. Konsumenten, die regelmäßig im Versandhandel bestellen, werden wenig Akzeptanzprobleme mit Online- und Teleshopping haben, Kunden von Post- und Telefonbanking werden leicht zum Online-Banking übergehen. Hier ändert sich nicht das generelle (Kommunikations-) Verhalten, sondern nur der Kommunikationskanal. Ausschlaggebend für die Akzeptanz ist der Kompatibilitäts- und Komplexitätsgrad; je näher die neuen Technologien an bisheriger Nutzungsart sind, desto einfacher ist die Diffusion.[93] Die Verbreitung von Kabel- und Satelitenfernsehen wurde dadurch erleichtert, daß diese neuen Medien aus Sicht des Nutzers keinen großen Unterschied zum konventionellen terrestischen Fernsehen darstellen. Videorecorder hingegen sind zwar komplizierter zu bedienen, verlangen jedoch auch kein

---

[92] Swoboda, Bernhard: Was die Forschung zu Online-Marketing sagt, S. 32
[93] Vgl. Meffert, Heribert: Marketing und neue Medien, S. 38

neues Mediennutzungsverhalten. Bei den professionellen Nutzern, die das Internet geschäftlich nutzen, ist eine schnelle Diffusion sehr wahrscheinlich. Die meisten Arbeitsplätze sind heute schon mit Computern ausgestattet und meistens auch in lokale Computernetze integriert. Der Schritt von Textverarbeitung und Telefax zu E-Mail ist mit sehr geringem Lernaufwand verbunden. Unternehmen sind auch in viel größerem Maße als private Konsumenten auf die schnelle, überregionale und preiswerte Kommunikation angewiesen. Es ist daher davon auszugehen, daß die Diffusion von E-Mail ähnlich schnell wie die des Telefax erfolgen wird. Mittelfristig werden Unternehmen ohne E-Mail-Adresse die gleichen Wettbewerbsnachteile haben wie Unternehmen, die heute keinen Telefaxanschluß haben. „So selbstverständlich, wie heute jeder Mitarbeiter ein Telefon auf dem Schreibtisch hat, so selbstverständlich wird in naher Zukunft der Internet-Zugang sein."[94]

Auch der schnelle und gezielte Zugriff auf externe Informationen, zum Beispiel über das WWW, spielt für die Unternehmens-Kommunikation eine größere Rolle als für private Konsumenten. Die Akzeptanz des Internet als Business-to-Business Kommunikationsmedium ist daher recht kurzfristig zu erwarten.[95] Viele Unternehmen sammeln heute schon Erfahrungen mit der Internet-Technologie in ihren internen Intra-Netzen.

2.3.2 Rechtliche Rahmenbedingungen für Online-Praxismarketing

Hier werden zunächst die wichtigsten Punkte der allgemeinen Rechtmäßigkeit eines Online-Praxismarketing und anschließend die standes- und wettbewerbsrechtlichen Beschränkungen für die Präsentation einer Praxis-Homepage dargestellt.

2.3.2.1 Das Anbieten von Produkt- und Firmeninformationen

„Gegen das Anbieten von Firmeninformationen und Produktinformationen On Demand über Online-Dienste bestehen prinzipiell keine rechtlichen Bedenken. Von einer Beeinträchtigung der Privatsphäre oder des Geschäftsbetriebes ist, wie etwa bei Direct Mailing über Telefax oder Briefe, bei WWW-Pages nicht auszugehen. Der Nutzer ist derjenige, der hier selbst die

---

[94] Böndel, Burkhard: Internet-Tanzende Puppen, S. 102
[95] Vgl. Mertens, Peter: Electronic Shopping, S. 16

Information aufruft. Innerhalb des WWW-Auftrittes ist jedoch das Gesetz gegen den unlauteren Wettbewerb (UWG) zu beachten. In Deutschland ist die vergleichende Werbung auf WWW verboten. Bisher gibt es jedoch noch keine Gerichtsurteile, die diesen Tatbestand rechtlich fixieren würden. Ähnliche Probleme gibt es bei Werbeverboten."[96]

2.3.2.2 Verwenden von Bildmaterial und Sounds

„Nach dem Urheberrechtsgesetz sind Bilder, Texte, Photographien und Musik von der Schöpfung bis 70 Jahre nach dem Tod des Urhebers geschützt. Will man solche Bilder im WWW-Auftritt verwenden, so sind etwaige Rechte zur Veröffentlichung zu kaufen."[97]

2.3.2.3 Verwenden von Informationen aus Online-Diensten

„Viele Nutzer kopieren sich Dateien mit Bildern oder Photographien von einer WWW-Page auf ihre Festplatte. Möglicherweise verändern sie diese oder verwenden diese sogar unverändert auf ihrer eigenen Homepage. Von Anbietern gestaltete Web-Seiten unterliegen jedoch genauso dem Urheberrechtsgesetz. Die Informationsanbieter sollten deshalb im Auftritt klarstellen, welche Informationen einem Copyright unterliegen und welche Informationen weiterverwendet werden dürfen."[98]

2.3.2.4 Musterberufsordnung für die deutschen Ärztinnen und Ärzte (MBO-Ä)[99]

Auch im Internet gilt laut Kapitel D Nr. 6 MBO-Ä das ärztliche Werbeverbot. Dieses ist in §§ 27, 28 MBO-Ä und entsprechend in den Berufsordnungen der Landesärztekammern kodifiziert. Inwieweit trotz dieses umfassenden Werbeverbotes öffentlich abrufbare Arztinformationen in Computerkommunikationsnetzen zulässig sind, ist in Kapitel D Nr. 6 MBO-Ä festgelegt. Dieses verweist auf Kapitel D Nr. 1, 2 und 3 Abs. 3, die auch sonst für Informationen des Arztes an die Öffentlichkeit maßgebend sind.

---

[96] Altobelli, Claudia Fantapie/Hoffmann, Stefan: a.a.O., S. 86
[97] Ebenda, S. 87
[98] Ebenda, S. 88
[99] Siehe Anhang 1, sowie Kapitel 2.2.1

Die Regelungen über die Angaben auf Praxisschildern in Kapitel D Nr. 2 MBO-Ä gelten für die Gestaltung einer Homepage entsprechend.

Die Regelungen über die Patienteninformation in den Praxisräumen in Kapitel D Nr. 5 MBO-Ä gelten für die Gestaltung einer Homepage entsprechend, wenn durch verläßliche technische Verfahren sichergestellt ist, daß der Nutzer beim Suchprozeß zunächst nur Zugang zu einer Homepage des Arztes erhalten kann, welche ausschließlich die für das Praxisschild zugelassenen Angaben enthält und erst nach einer weiteren Nutzerabfrage die Praxisinformationen zugänglich gemacht werden.

Nach Kapitel D Nr. 1 MBO-Ä dürfen Ärzte andere Ärzte über ihr Leistungsangebot informieren. Dabei dient das Werbeverbot u.a. dem Schutz der Bevölkerung vor unsachlicher Beeinflussung. Es soll leicht zu verunsichernde und zu beeinflussende Kranke vor Anpreisungen bewahren. In Fachkreisen besteht diese Gefahr unsachlicher Beeinflussung in ungleich geringerem Maße. Wie Ärzte in ihrer Homepage Informationen, die nur für Fachkreise gedacht sind, vor dem Zugriff nicht fachlich vorgebildeter potentieller Patienten schützen sollen ist in der MBO-Ä nicht konkret geregelt. Deshalb bestehen weiterhin Rechtsunsicherheiten. Es bleibt hier abzuwarten, welche Maßstäbe sich durch die Rechtsprechung herausbilden.

Die MBO-Ä schreibt in recht detaillierter Weise vor, wie Zusammenschlüsse von Ärzten (Kapitel D Nr.2 Abs. 9-12 MBO-Ä) nach außen auftreten dürfen. Diese Regelungen gelten auch für das Internet. Bei medizinischen Kooperationen zwischen Ärzten und Angehörigen anderer Fachberufe z.B. dürfen der Arzt und der Kooperationspartner eine gemeinsame Homepage erstellen.

Für die Form und Gestaltung einer Homepage greift die Regelung für Anzeigen in Zeitungen oder Verzeichnissen in Kapitel D Nr. 3 Abs. 3 MBO-Ä. Danach hat die Homepage sich nach den örtlichen Gepflogenheiten zu richten. Diese Regelung ist allerdings nicht sehr aussagekräftig und programmiert daher Streitigkeiten wegen der konkreten Gestaltung von Homepages vor. Gerade innovative Gestaltungsideen, die mit den besonderen Darstellungsmöglichkeiten des Mediums Internet umgesetzt werden können, haben es schwer, sich gegen die

48

Ärztekammern und eine immer noch restriktive Rechtsprechung durchzusetzen. Es bleibt abzuwarten, in welchem Maße die Übermittlung von Bildern, Graphiken, Tondateien und Videos, sowie eine interaktive Gestaltung der Homepage für zulässig erachtet werden. Aus der bisherigen Rechtsprechung, insbesondere durch den Fall des Trierer Zahnarztes Dr. Vorbeck, können folgende Anhaltspunkte festgehalten werden:[100]

⇒ Mit der verbindlichen Regelung unter Kapitel D Nr. 6 MBO-Ä dürfen in Zukunft allein aus der Tatsache, daß ein Arzt im Internet vertreten ist und dadurch auf Patienten einen besonders aufgeschlossenen und fortschrittlichen Eindruck macht, keine negativen Rückschlüsse mehr gezogen werden. Nach wie vor verboten ist jedoch eine Darstellung, die darauf angelegt ist auf werbepsychologisch geschickte Weise ein positives Bild von den Fähigkeiten und Leistungen des Antragsgegners entstehen zu lassen und dies mit der Aufforderung zu verbinden, diese Leistungen in Anspruch zu nehmen. Es muß deshalb bei der Darstellung der Tätigkeit des Arztes und seiner Praxis der Eindruck vermieden werden, der Arzt wolle seine eigene Leistungsfähigkeit suggerieren, die die der anderen Ärzte übersteige.

⇒ § 28 MBO-Ä läßt Veröffentlichungen medizinischen Inhalts oder die Mitwirkung des Arztes an aufklärenden Veröffentlichungen in den Medien zu, soweit diese auf sachliche Information begrenzt sind und die Person sowie das Handeln des Arztes nicht werbend herausgestellt werden. Es dürfte also grundsätzlich zulässig sein, im Rahmen einer Homepage Informationen zu medizinischen Themen zu veröffentlichen. Im Bereich der Zahnmedizin wäre dies z.B. die Erläuterung der Behandlung bestimmter Zahn- und Kieferkrankheiten und deren bildhafte Darstellung. Dabei ist zu beachten, daß entsprechende Ausführungen nur dann über einen gewissen Informationswert verfügen, wenn sie nicht zu knapp gefaßt sind. Nur dann liegt ihnen ein eigener Informationswert zugrunde, der sich nicht darauf beschränkt, den Nutzer dazu zu bewegen, sich mit weiteren Fragen zum angesprochenen Thema an die Praxis des Informanten zu wenden. Eigene Stellungnahmen zu aktuellen medizinischen Problemen sollten zurückhaltend formuliert werden. Es muß selbst der Anschein vermieden werden, der Arzt wolle auf seine besonders moderne Auffassung oder besondere Qualifikation aufmerksam machen und damit Patienten werben.

---

[100] Vgl. hierzu die Homepage von Dr. Vorbeck, [URL: http://www.vorbeck.com/forum]

Gegen sachliche Informationen, die nicht den Eindruck einer berufswidrigen Kommerzialisierung erwecken, ist dagegen nichts einzuwenden.

⇒ Werbung für medizinische- oder Pflegeprodukte, die in der Praxis des Arztes erworben werden können, verstößt gegen das Verbot, gewerblich Waren und andere Gegenstände an Patienten abzugeben. Auch die bloße Empfehlung von Pflege- und sonstigen Produkten wird als berufswidrig einzustufen sein (Vgl. § 3 Abs. 2 MBO-Ä).

⇒ In einem Gästebuch, wie es auf vielen Homepages zu finden ist, können sich die Besucher der Homepage eintragen. Für die Homepage eines Arztes allerdings dürfte dieses als unzulässig einzustufen sein, weil der Arzt auf diesem Wege Adressen sammeln und sich so die Möglichkeit schaffen könnte, Patienten anzuwerben.

⇒ Jede Gestaltung der Homepage, die den Anreiz schafft, sich ohne spezielles Informationsinteresse durch die Webseiten der Homepage zu bewegen, dürfte unzulässig sein, da sie ausschließlich werbenden Charakter hat. Dies gilt insbesondere für jegliche Form von Gewinnspielen.

⇒ Über die Zulässigkeit eines sogenannten E-Mail-Doktors fehlen noch jegliche Anhaltspunkte. In Deutschland ist von dieser direkten medizinischen Beratung der Patienten via Internet noch abzuraten, da es für solche Beratungsleistungen keine Abrechnungsziffern gibt. Nimmt ein Arzt eine medizinische Beratung umsonst vor, ist dies von vornherein als wettbewerbswidrig einzustufen.

2.3.3 Implementierung des Internet in das Praxismarketing

2.3.3.1 Marktforschung

„Marktforschung in der Arztpraxis ist der Versuch einer systematischen Beschaffung und Analyse von Informationen, die als Grundlage für Entscheidungen im Bereich des Praxismarketing dienen können."[101] Sie stellt also die Basis einer marktorientierten Führung der

---

[101] Riepl, Bernhard J.: a.a.O., S. 76

Arztpraxis dar. Hierzu gehört die Bereitstellung geeigneter Informationen zur Beurteilung der Marketingsituation, für die Zielplanung und Zielsetzung, für die Planung und Kontrolle des Einsatzes der marketingpolitischen Instrumente und für die Analyse und Prognose der Kosten im Marketingbereich. Man unterscheidet die Informationen nach ihren Quellen in interne und externe Daten und nach der Methode, wie diese Informationen generiert wurden, in Primär- und Sekundärdaten.

Darst. 9: Methoden und Quellen der Informationsbeschaffung[102]

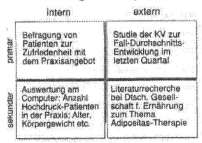

Das Internet kann dabei sowohl für Sekundär- (z.B. Online-Datenbanken zu medizinischen Themen) als auch für Primärerhebungen (z.B. Online-Patientenbefragung) herangezogen werden. Dabei spielt die Primärerhebung im Praxismarketing zunächst die wichtigere Rolle.[103] Bei Primärerhebungen im Internet ist zu berücksichtigen, daß die Grundgesamtheit der erreichbaren Personen Internet-Nutzer sind, das Ergebnis repräsentiert also nur diese. Für die Sammlung von Primärdaten ist das gesamte Spektrum der Internet-Dienste geeignet, da sie alle über einen Rückkanal verfügen. So ist die Befragung eines jeden Empfängers möglich. Neben der aktiven Befragung, auf die die Nutzer reagieren müssen, ist die Beobachtung im Netz wesentlich einfacher. Durch das Lesen von branchenspezifischen Newsgroups beispielsweise sind Informationen über Image, Patientenzufriedenheit usw. zu erhalten.

Das Internet stellt für die Marktforschung, besonders in Verbindung mit anderen Marketing-Aktivitäten im Netz, eine sehr preisgünstige und interessante zusätzliche Informationsquelle dar.[104]

---

[102] Riepl, Bernhard J.: a.a.O., S. 76
[103] Vgl. ebenda, S. 77
[104] Pispers, Ralf/Riehl, Stefan: Digital Marketing, S. 175 ff.

2.3.3.2 Angebots- bzw. Servicepolitik

Die Produktpolitik der Arztpraxis entscheidet, welche Dienstleistungen und Service-Angebote in welchem Umfang angeboten werden sollen und stellt somit die Grundlage der Marketing-Konzeption dar. Dabei lassen sich die vier Bereiche Produktpolitik im engeren Sinne, Programm- und Sortimentspolitik, Servicepolitik und Garantieleistungspolitik unterscheiden. Eine klassische Garantie scheidet aufgrund der besonderen Art der ärztlichen Dienstleistung allerdings weitestgehend aus. Die ärztliche Haftung (z.B. Behandlungsfehler, Vernachlässigung der Aufklärungspflicht) kann dabei im weitesten Sinne als Bestandteil der Garantieleistungspolitik angesehen werden.[105]

Im folgenden soll die Angebots- bzw. Servicpolitik daraufhin untersucht werden, inwieweit das Internet hier sinnvoll eingesetzt werden kann.

Für die Gestaltung des Leistungsangebotes und für das Praxismarketing sind nach *Riepl*[106] zunächst berufsspezifische Besonderheiten der ärztlichen Dienstleistung zu beachten:

- Das Hauptsortiment der Arztpraxis sind Dienstleistungen, also immaterielle Produkte, deren Angebot und Nachfrage nach besonderen Mustern funktionieren.
- Die erbrachten Leistungen der Arztpraxis sind im wesentlichen persönlich-individueller Art; im Mittelpunkt der Leistungserbringung steht immer das nachfragende Individuum.
- Die Angebotsaktivitäten der Arztpraxis müssen sich an verbindlichen berufsrechtlichen Vorgaben und ethischen Leitlinien orientieren.

Die Ungreifbarkeit und der formale Ablauf, wie diese Dienstleistungen erbracht werden, unterscheiden das ärztliche Produktsortiment vom klassischen Produktbegriff:

- Eine Vielzahl ärztlicher Leistungen ist weder im vorhinein noch im nachhinein dinglich vorzeigbar.
- Die wesentlichen Leistungen der Praxis sind immobil, also nicht transportierbar, stapelbar, lagerfähig etc.
- Die meisten Leistungen der Praxis werden on demand, also zum Zeitpunkt des Bedarfs erbracht und können nicht vorproduziert werden.

---

[105] Vgl. Riepl, Bernhard J.: a.a.O., S. 116
[106] Ebenda, S. 121

52

Heute stellen die Leistungen, die die eigentliche Dienstleistung umgeben, einen immer wichtigeren Wettbewerbsfaktor dar. Da die Dienstleistung eines Arztes für den Patienten nur schwer zu greifen und zu bewerten ist, wird die Serviceleistung, die zusätzlich zu den ärztlichen Leistungen angeboten wird, oft zum entscheidenden Faktor die Dienstleistung eines Arztes in Anspruch zu nehmen. Die Gestaltung der Serviceleistung kann daher zu wichtigen Wettbewerbsvorteilen führen. Im Rahmen der Servicepolitik der Praxis kann das Internet als begleitende Dienstleistung betrachtet werden, welche „die..Patienten in Verbindung mit der eigentlichen Problemlösung als ganzheitliche Nutzenschaffung bewerten (augmentiertes Produkt)"[107], d.h. „sie rundet die ärztliche Leistungserbringung zur Problemlösung ab und optimiert so die Nutzenschaffung für die Patienten"[108] (Patientenbindung) und „..veranlaßt potentielle Patienten erst dazu, Leistungen in der Praxis nachzufragen"[109](Patientengewinnung). Zu Serviceleistungen via Internet gehören beispielsweise die Information über Therapiemaßnahmen, Sprechzeiten, Ablauf des Praxisbesuches, Darstellung des Praxisangebotes usw. Über E-Mail besteht desweiteren die Möglichkeit Beratungsleistungen anzubieten (z.B. E-Mail-Doktor).

Das Internet kann desweiteren bei der Gestaltung des Dienstleistungsprogramms unterstützend wirken. Der Patient kann aktiv in die Entscheidungsphase zur Gestaltung mit einbezogen werden. Durch das Feedback der Patienten zu verschiedenen Themenbereichen in einem Gästebuch (bislang leider noch standesrechtlich verboten) oder über E-Mail, können die Wünsche und Bedürfnisse der Patienten analysiert werden und so als Entscheidungshilfe für den Arzt dienen, neue Geschäftsaktivitäten, also neue Dienstleistungs- und Serviceangebote patientengerecht zu entwickeln und anzubieten. Einschränkend muß allerdings beachtet werden, daß die Nutzerschaft im Internet bislang noch keine repräsentative Personengruppe darstellt und deshalb nur ergänzend zu persönlichen Patientenbefragungen eingesetzt werden kann.[110]

Um sich von den anderen Arztpraxen zu unterscheiden, bedarf es einer optimalen Positionierung der Praxis im Wettbewerbsumfeld. „Das Positionieren ist die für den Patienten wieder-

---

[107] Riepl, Bernhard J.: a.a.O., S. 149
[108] Ebenda, S. 149
[109] Ebenda, S. 149
[110] Vgl. Pispers, Ralf/Riehl, Stefan: a.a.O., S. 197

53

erkennbare Marke der Arztpraxis. Diese Marke unterscheidet die Praxis von Wettbewerbern und ermöglicht dem Patienten eine Identifikation mit dieser."[111] „Weitere Ziele sind die Steigerung des Bekanntheitsgrades, Synergieeffekte zu anderen Unternehmensangeboten und Verbesserung des Images."[112] Im Internet erfolgt eine solche Markierung durch die Registrierung eines Domainnamens für die Arztpraxis, z.B. 'www.drgroß.de'. Die Vor- bzw. Nachteile hierfür wurden bereits in Kapitel 2.3.1.7.3 dargestellt. Die Top-Level-Domain 'de' steht für Deutschland. Diese Adresse dürfte den Anforderungen an eine Internet-Präsenz eines in Deutschland ansässigen Arztes, der hauptsächlich regional tätig ist, vollkommen genügen. Durch einen Domainnamen hat man sehr viel größere Chancen, auch zufällige Besucher auf die eigene Homepage zu locken.[113]

Für die Präsentation des ärztlichen Leistungsangebotes im Internet bestehen folgende Möglichkeiten:

Auf der Einstiegsseite (virtuelles Praxisschild) einer Homepage können, entsprechend dem Praxisschild, folgende Angaben gemacht werden: Name und Bezeichnung des Arztes, Sprechstunden, erworbene Facharzt-, Schwerpunkt- und Zusatzbezeichnung, medizinisch akademische Grade, Adresse der Praxis und der Privatwohnung mit Telefonnummer, FAX und eMail, Zulassung zu Krankenkassen, evtl. Durchgangsarzt, Belegarzt, ambulante Operationen, Praxisklinik, Professor, Gemeinschaftspraxis.

Nach einer weiteren Nutzerabfrage dürfen weitergehende Informationen zugänglich gemacht werden: sachliche Informationen medizinischen Inhalts, wie z.B. die Beschreibung bestimmter medizinischer Vorgänge, die in der Praxis zur Vorbereitung des Patienten auf spezielle Untersuchungen oder Behandlungsmaßnahmen für zweckmäßig erachtet werden, Hinweise auf besondere Untersuchungs- und Behandlungsverfahren des Arztes im Rahmen seines Fachgebietes, Sprechstundenzeiten, Sondersprechstunden, Erreichbarkeit außerhalb der Sprechstunden, organisatorische Hinweise, Lage der Praxis mit Stadtplan, Verkehrsanbindungen und Parkplätze, Einrichtungen für Behinderte, Vorstellung der Mitarbeiter, Terminvereinbarung per E-Mail, besondere Therapien und Leistungen, Tips zur Prävention, Refe-

---

[111] Riepl, Bernhard J.: a.a.O., S. 151
[112] Schott, Barbara/Brinschwitz, Thorsten/Nowara, Frank-Marc: a.a.O., S. 85
[113] Vgl. ebenda, S. 85 ff.

renzen, Erläuterung der Behandlung bestimmter Zahn- und Kieferkrankheiten und deren bildhafte Darstellung, Angebot eines E-Mail-Doktors usw.[114]

2.3.3.3 Preispolitik

Der Bereich Preispolitik stellt das Internet innerhalb des Praxismarketing-Mix vor neue Herausforderungen und Entscheidungsprobleme. Die noch unentwickelten Zahlungswege im Netz erfordern hohe Kreativität, wenn es um die Möglichkeit geht, Produkte ind Dienstleistungen im Netz zu verkaufen und auch auf diesem Wege bezahlen zu lassen.

Hier sind dem Arzt sehr enge Grenzen gesetzt. Neben den Honorarvorgaben der Leistungsträger und Krankenversicherungen besteht die Möglichkeit einer aktiven Preispolitik nur im Zusammenhang mit der Behandlung von Privatpatienten. Hier können Vereinbarungen hinsichtlich Honorarhöhe, Zahlungsmodalitäten usw. getroffen werden.[115] Im Internet bietet sich diesbezüglich allerdings nur eine Beratungsleistung des Arztes (z.B. E-Mail-Doktor) an, da eine Behandlung persönlich-individuell in der Arztpraxis erfolgen muß. Bei der preislichen Gestaltung einer virtuellen Beratung besteht jedoch das Problem, daß es in Deutschland hierfür noch keine entsprechenden Abrechnungsziffern gibt.

Der Preispolitik kann innerhalb des Online-Praxismarketing-Mix eine nur untergeordnete Rolle zukommen, da dem Arzt hier aufgrund der standes- und wettbewerbsrechtlichen Beschränkungen keine Möglichkeit gegeben wird, hier aktiv zu werden.

2.3.3.4 Distributionspolitik

Die Distributionspolitik „...konzentriert sich auf Maßnahmen, die das Angebot des Dienstleistungsunternehmens Arztpraxis zielgerichtet an die potentiellen Patienten effektiv und attraktiv heranbringen."[116] Das Internet kann hierbei als Medium zur Darstellung der Praxiskompetenz genutzt werden. Instrument dafür ist die eigene Homepage. Hier werden die Praxisphilosophie, die apparative Ausstattung und besondere Untersuchungs- und Behandlungsverfah-

---

[114] Vgl. Riepl, Bernhard J.: a.a.O., S. 241
[115] Vgl. ebenda, S. 53
[116] Ebenda, S. 54

ren des Arztes präsentiert. Außerdem sollte die Corporate Identity der Arztpraxis virtuell transferiert werden.

Der Vertrieb von ärztlichen Dienstleistungen via Internet kann nur durch eine Online-Beratung erfolgen.[117] Der Online-Verkauf von medizinischen oder Pflegeprodukten verstößt gegen das Verbot, gewerblich Waren und andere Gegenstände an Patienten abzugeben (§3 Abs. 2 MBO-Ä).

2.3.3.5 Kommunikationspolitik

Mit Hilfe der Kommunikationspolitik in der Arztpraxis muß eine Strategie entwickelt werden, um die potentielle Patienten-Zielgruppe anzusprechen (Patienten gewinnen und Patienten binden) und die Werbewirkung zu intensivieren. Dabei geht es in erster Linie darum, das Praxisangebot darzustellen und die Zielgruppe davon zu überzeugen, daß dieses Angebot ihren Wünschen und Erwartungen entspricht.[118] Die Kontakte der Zielgruppe mit der Arztpraxis sollen vertieft und in die gewünschte Richtung gelenkt werden. Zur Stärkung der Zielgruppenkontakte ist eine individuellere Bearbeitung der Zielgruppe sowie eine stärkere Ansprache des einzelnen innerhalb der Gruppe nötig. Durch annavigieren der Homepage befindet man sich in unmittelbarer Nähe zur Praxis, die Distanz zwischen dem Einzelnen und der Arztpraxis ist also geringer. Wie die Bezeichnung Homepage signalisiert, befindet man sich quasi bei der Arztpraxis zu Hause. Dadurch ist eine direktere und persönlichere Beziehung zum Interessenten möglich als etwa durch die Ansprache über herkömmliche Kommunikationsmedien. Es findet also im Sinne der werblichen Kommunikation (Dialog aufbauen und durch Informationsinhalte überzeugen), durch die Interaktivität und die Kombination multimedialer Elemente, ein optimaler und intensiver Kontakt mit den praxisrelevanten Zielgruppen statt. Das Internet stellt deshalb eine gute Ergänzung des klassischen kommunikationspolitischen Instrumentariums dar.

Eine traditionelle Werbebotschaft (Funkspot, Fernsehspot, Anzeigen) muß kurz sein, um nicht aufdringlich und teuer zu werden. Das Internet hebt diesbezüglich sämtliche, den In-

---

[117] Siehe vorheriges Kapitel
[118] Vgl. Riepl, Bernhard J.: a.a.O., S. 215

56

formationsgehalt einschränkenden Merkmale der traditionellen Werbung auf. Es steht hier genügend Speicherkapazität zur Verfügung, um umfangreiche Informationen über die Praxis darzustellen. Außerdem sind die Kosten für die Produktion von Online-Seiten wesentlich niedriger als bei den klassischen Medien (ausgenommen Animationen, Videos, Audioelemente usw).[119]

Zentraler Aspekt des Internet ist, daß der Nutzer nur die Information erhält, die er über das System anfordert ('Pull' anstatt 'Push'). Die Navigation erfolgt also selbstbestimmt und es wird nur der Themenbereich gesucht, welcher tatsächlich interessant erscheint. Die Einwahl ins Internet kostet den Nutzer schließlich Online-Gebühren; die Online-Zeit ist deshalb kostbar und wird nur ungern durch den Aufenthalt auf reinen Werbeseiten verschwendet. Der Internet-Nutzer entscheidet selbst, welche (werblichen) Informationen er wann in welcher Form von wem bekommen will.[120]

In der Arztpraxis wird *Werbung* als Information und Kommunikation über das Dienstleistungsangebot und die Service-Elemente verstanden.[121] Hierfür kann das Internet als Kommunikationsmedium eingesetzt werden. Da der Internet-Nutzer für jede abgerufene Information bezahlt, spielt der Erlebnis- und Unterhaltungsaspekt eine große Rolle. 'Infotainment' wird dabei als die Kombination von Information und Unterhaltung verstanden. Die Internet-Präsenz muß dem (potentiellen) Patienten einen entsprechenden Nutzen bringen, nur dann wird er sich mit dem Informationsangebot befassen. Der Nutzen bzw. das Erlebnis muß durch Aktualität, Interaktivität und Funktion erzeugt werden.

Durch aktuelle Praxisinformationen, spezielle Angebote, Serviceleistungen, Patientenforum, E-Mail-Kontakt etc. auf der Homepage kann über die Bindung an die Online-Präsenz eine Profilierung der Arztpraxis und somit eine stärkere Patientenbindung erreicht werden. Zentrale Bedeutung erhält diesbezüglich die Aktualität der Anwendungen. Online-Nutzer erwarten aktuelle Informationen. Nicht aktualisierte Anwendungen erreichen keine werbliche Kunden-

[119] Vgl. Pispers, Ralf/Riehl, Stefan: a.a.O., S. 237
[120] Vgl. Schott, Barbara/Brinschwitz, Thorsten/Nowara, Frank-Marc: a.a.O., S. 105 f.
[121] Vgl. Riepl, Bernhard J.: a.a.O., S. 214

bindung, da sie für den Anwender uninteressant werden oder sogar negative Werbewirkungen erzeugen.[122]

Als verkaufsfördernde Maßnahmen („...alle Maßnahmen, die in irgendeiner Form den Praxisumsatz positiv beeinflussen können" [123]) im Internet wären denkbar: Informationen über Stellenangebote als ArzthelferIn/AssistentIn/Azubi, eine virtuell begehbare Praxis, Prophylaxe-Tips (Jede Woche ein neues Hauptthema), Hinweis auf Sonderaktionen in der Praxis, um die Patieneten auf vorhandenes/neues Praxisangebot aufmerksam zu machen, Anmeldungsmöglichkeit für Kurse etc.

„Öffentlichkeitsarbeit (Public Relations) ist die planmäßige, systematische und wirtschaftlich sinnvolle Gestaltung der Beziehungen zwischen der Arztpraxis und einer nach Patienten-Zielgruppen differenzierten Öffentlichkeit mit der Absicht, bei diesen Gruppen Vertrauen und Verständnis zu gewinnen bzw. zu erweitern."[124] Auf der Homepage könnte eine virtuelle Praxisbroschüre zum Abruf bereitstehen. Denkbar wäre auch einen mit Video-Kamera aufgezeichneten Mitschnitt eines eigenen Vortrages, zu einem aktuellen medizinischen Thema, über die Internet-Seiten bereitzustellen. Die Vortrags-Folien und der Text sind ebenfalls abrufbar. Dadurch unterstreicht der Arzt seine fachliche Kompetenz, die durch das Internet einer breiten Patienten-Zielgruppe zugänglich gemacht wird. Dasselbe ist mit selbstgeschriebenen Artikeln oder Publikationen jeglicher Art denkbar (z.B. Hinweis auf veröffentlichtes Buch und Auszüge daraus). Auch auf Veranstaltungen (z.B. Gesundheitstage, Tag der offenen Tür in der Praxis usw.) kann im Internet hingewiesen werden. Durch das praxisgerechte Design (Corporate Design) und den Informationsgehalt (Zusatznutzen) der Praxis-Homepage kann sich ein positiver Effekt bezüglich Image und Bekanntheitsgrad für die Arztpraxis ergeben.

Das Internet ist durchaus im Stande, die fünf Teilfunktionen Der Public Relations nach *Weis*[125] zu erfüllen:

---

[122] Vgl. Pispers, Ralf/Riehl, Stefan: a.a.O., S. 254 ff.
[123] Riepl, Bernhard J.: a.a.O., S. 215
[124] Ebenda, S. 215
[125] Weis, Hans Christian: Marketing, S. 383

- die **Informationsfunktion**, d.h. die Übermittlung von Informationen über die Arztpraxis an relevante Patienten-Zielgruppen mit dem Ziel, eine verständnisvolle Einstellung im Hinblick auf die Arztpraxis und ihre Situation zu erzielen

- die **Imagefunktion**, d.h. den Aufbau und die Änderung eines bestimmten Vorstellungsbildes von der Arztpraxis im Urteil der Öffentlichkeit zustandezubringen

- die **Führungsfunktion**, d.h. die Beeinflussung der relevanten Öffentlichkeit im Hinblick auf die Positionierung der Arztpraxis auf dem Markt

- die **Kommunikationsfunktion**, d.h. das Zustandebringen von Kontakten zwischen der Arztpraxis und relevanten Zielgruppen (z.B. potentielle Patienten, Institutionen, Organisationen, auch die eigenen Mitarbeiter und deren Freunde und Familien usw.)

- die **Existenzerhaltungsfunktion**, d.h. die glaubwürdige Darstellung der Notwendigkeit der Arztpraxis für die Öffentlichkeit.

Voraussetzung für alle dargestellten Aktivitäten ist die Bekanntmachung der Online-Präsenz. Hierauf wird bei der Online-Praxismarketing-Konzeption noch näher eingegangen.

2.3.4 Einsatzmöglichkeiten der Internet-Dienste im Praxismarketing

In diesem Kapitel soll die Einsetzbarkeit der zwei wichtigsten, weitverbreitetsten und bei den Nutzern beliebtesten Internet-Dienste, E-Mail und World Wide Web, für das Online-Praxismarketing dargestellt werden. Die anderen in Kapitel 2.3.1.4 beschriebenen Dienste bleiben unberücksichtigt, da der Einsatz von E-Mail und dem WWW für eine Online-Praxismarketing-Konzeption am sinnvollsten erscheint. Dies wird im folgenden näher erläutert.

2.3.4.1 E-Mail

„Kein Service des Internet, auch nicht das WWW, wird auch nur annähernd so häufig genutzt wie die Möglichkeit, via Internet elektronische Post zu versenden."[126] Dies bestätigt auch das Umfrage-Ergebnis der W3B-Studie in Kapitel 2.3.1.5. Wer eine Online-Präsenz betreibt, sollte dort auch erreichbar sein, um mit den Kunden bei Unklarheiten oder sonstigen Anliegen kommunizieren zu können. „Das WWW ist der sehr leistungsfähige Info-Teil des Internet. E-

---

[126] Pelkmann, Thomas/Freitag, Reinhild: Business-Lösungen im Internet, S. 22

Mail ist sein Kommunikationsinstrument. Kundennähe im Internet gibt es nur, wenn es eine E-Mail-Verbindung gibt."[127] Die E-Mail ist orts- bzw. zeitunabhängig und die ankommenden Informationen können abgespeichert und weiterverarbeitet werden, sie ist also „...für den Nutzer ein nützliches Kommunikationsinstrument zum Aufbau einer One-to-one-Kommunikationsbeziehung."[128]

Für den Arzt besteht durch E-Mail die Möglichkeit seine Patienten schnell zu beraten, mit Kollegen unkompliziert in Kontakt zu treten und für sonstige Institutionen 24 Stunden pro Tag erreichbar zu sein.

Der Dienst E-Mail soll aufgrund seiner Zweckmäßigkeit, Beliebtheit und weiten Verbreitung in der Online-Praxismarketing-Konzeption eingesetzt werden.

2.3.4.2 World Wide Web

Das World Wide Web ist der Dienst, der dem Internet den Durchbruch gebracht hat. Es bietet neben den besten Gestaltungsmöglichkeiten auch den einfachsten Zugriff und die leichteste Bedienung des Internet für den Nutzer. Dadurch sind über das WWW auch solche Personengruppen erreichbar, die mit den anderen Internet-Diensten nicht viel anfangen können, weil deren Bedienung zu aufwendig ist. In dem meistbenutzten Browser Netscape Navigator sind sowohl ein E-Mail Client als auch ein Newsreader eingebaut, so daß der Nutzer mit einem Programm alle Dienste nutzen kann. Das WWW ist nach der W3B-Studie[129] der zweitbeliebteste Internet-Dienst und für die meisten Internet-Nutzer der interessanteste.

Gründe hierfür sind:[130]

°Das World Wide Web ist die multimediale Erscheinungsform des Internet. Sie ist aufgrund ihrer Art der Informationspräsentation besonders ansprechend - im Vergleich zu anderen Diensten wie FTP.
° Aufgrund seiner Navigationsmöglichkeiten als Hypertext-System ist die Benutzung des World Wide Web auch für den unerfahrenen Benutzer sehr leicht möglich. Moderne World Wide Web-Browser mit grafischen Benutzungsoberflächen erleichtern die Bedienung weiter.

---

[127] Pelkmann, Thomas/Freitag, Reinhild: a.a.O., S. 23
[128] Werner, Andreas/Stephan, Ronald: Marketing-Instrument Internet, S. 97
[129] Vgl. Kapitel 2.3.1.5
[130] Clasen, Ralf/Wallbrecht, Dirk U.: a.a.O., S. 82 f.

° Die Leistungsfähigkeit der vorhandenen WWW-Browser erstreckt sich längst auch auf andere Dienste im Internet. Daher werden Dienste wie FTP gerne hinter informativeren Seiten im WWW versteckt. Der Benutzer sucht in der ihn ansprechenden Benutzungsoberfläche des Hypertext-Systems nach der gewünschten Datei. Er merkt kaum noch, daß zur Übertragung der Datei ein anderes Protokoll bemüht wird.

° Die Informationen der Anbieter können in leicht verständlicher Form - bestehend aus Text und Grafik - präsentiert werden.

° Gleichzeitig kann man mittels der Hypertext-Technologie die eigene Information mit Verweisen auf andere Informationsquellen beliebig mischen. So unterhalten viele Informationsanbieter extrem viele Verweise auf andere Angebote. Damit dient die WWW-Seite für den Nutzer als beliebter Einstiegspunkt, um zu speziellen Informationen zu navigieren. Im Vorübergehen wird dabei immer wieder das eigentliche Angebot des Informationsanbieters ersichtlich.

Das World Wide Web sehen also sowohl viele der Nutzer als auch die Informationsanbieter als die für sie beste Ausprägung des Internet. Daher ist das Wachstum in diesem Bereich überproportional zu den restlichen Diensten beziehungsweise Protokollen. „Mit sensationellen Wachstumsraten in der Nutzung und einer neuen, multimedialen Technik bietet es sich auch für kommerzielle Zwecke wie Marketing, Vertrieb, und Vermittlung von Fachinformationen hervorragend an."[131] Es gibt neben dem WWW auch kommerzielle Online-Anbieter, deren Wachstum im Verhältnis gesehen mit dem des WWW vergleichbar ist. Da sämtliche kommerziellen Online-Anbieter Gateways zum Internet und WWW ankündigten bzw. bereits realisiert haben, bietet das WWW die Möglichkeit, die Ressourcen zielgerichtet einzusetzen, das Gesamtbudget zu schonen und dabei trotzdem von allen Online-Nutzern abgerufen werden zu können.[132]

Deshalb soll das WWW genauso wie E-Mail für die Online-Praxismarketing-Konzeption zum Einsatz kommen.

[131] Altobelli, Claudia Fantapie/Hoffmann, Stefan: a.a.O., S. 17
[132] Vgl. Hünerberg, Reinhard/Heise, Gilbert/Mann, Andreas: Handbuch Online-Marketing, S. 249

Das WWW bietet dem Arzt die Möglichkeit, eine eigene Praxis-*Homepage*[133] zu präsentieren und so als weiteres Instrument im Rahmen des Praxismarketing einzusetzen. Mit Informationen über die eigene Praxis und ihr Leistungsangebot können potentielle Patienten angesprochen und der vorhandene Patientenstamm aktuell informiert werden.[134] Für die Gestaltung einer Praxis-Homepage sind die in Kapitel 2.3.2 beschriebenen rechtlichen Vorschriften
zu beachten.

2.3.5 Controlling der Online-Präsenz

„Zwar wächst die Anzahl der Unternehmen, die ihre Online-Präsenz subjektiv als profitabel -
und damit erfolgreich - einschätzen, doch das gilt durchaus noch nicht für die Mehrheit der
Teilnehmer."[135] Deshalb „...sollte Online-Marketing wie jede andere Marketingaktivität auch
auf jeden Fall systematisch kontrolliert werden."[136] Durch ein Controlling kann die Online-
Präsenz auf ihre Wirkung hin untersucht und bei Abweichungen der gesetzten Ziele gegebe-
nenfalls optimiert werden. Im Rahmen der Online-Praxismarketingkontrolle kommen für die
Überprüfung ökonomische Erfolgsgrößen wie Umsatz und Marktanteil und als außerökono-
mische Maßstäbe kommunikative Kriterien wie Aktivierung, Kenntnisvermittlung, Interesse-
weckung, Einstellungsbeinflussung usw. in Betracht.

Da für die Arztpraxis durch die Online-Präsenz eher nur die Vermittlung des Dienstlei-
stungsangebotes, Maßnahmen der Öffentlichkeitsarbeit und sonstige Kommunikationsaktivi-
täten im Vordergrund stehen, müßte zur ökonomischen Erfolgsmessung idealerweise nach
jeder Behandlung bzw. Sprechstunde eine Befragung des Patienten erfolgen, ob er das Online-Angebot kennt, zur persönlichen Information genutzt hat und dadurch in die Praxis ge-
kommen ist.

---

[133] Eine Homepage ist die Inhalts- oder Startseite eines WWW-Auftritts. Ihr Betreiber kann eine Privat-
person, eine Organisation, eine Firma oder eben auch eine Arztpraxis sein. Sie informiert den User
überdas Angebot der SITE und enthält LINKS (Verweise) zu weiteren bzw. den Folgeseiten. Sie soll auf
einen Blick über das dahinterliegende Angebot informieren und den User zugleich neugierig machen.

[134] Vgl. Riepl, Bernhard J.: a.a.O., S. 239
[135] Hünerberg, Reinhard/Heise, Gilbert/Mann, Andreas: a.a.O., S. 197
[136] Ebenda, S. 197

Für die Messung des kommunikativen Online-Erfolgs kommen passive und aktive Meßver-
fahren in Betracht. Bei den passiven Meßverfahren wird bei Nutzerzugriffen auf WWW-
Seiten jede Abfrage auf einem Host-Rechner mit den folgenden Daten in einem Protokoll
(LogFile) dokumentiert:[137]

- Name des Rechners innerhalb eines Netzwerks und/oder Name des Netzwerks selbst
  (Host-Name und/oder Domain-Name), von dem die Anfrage kommt
- Zeitpunkt (Datum) und Uhrzeit des Zugriffs
- File-Namen der zu den abgerufenen WWW-Seiten gehörenden Grafik- und Textdateien
- Speicherumfang der jeweiligen Dateien

Darst. 10: Logfile[138]

Hostname	Datum des Zu-griffs	Zeit des Zu-griffs	Umfang in Byte	Heruntergeladene Datei
xy.de	12.12.1998	13.15	1234	marketing.html
yz.de	12.12.1998	13.20	2345	marketing.gif

Die heruntergeladene Datei 'marketing.html' ist dabei die Homepage der Information-Site
und stellt als valide Meßvariable die Bruttoreichweite (= Anzahl der Zugriffe auf die Homepage einer Information-Site in einem Betrachtungszeitraum) der Information-Site dar. In
Darst. 10 wurde die Homepage einmal aufgerufen, es wurde also eine Bruttoreichweite von
einem Kontakt erreicht.[139]

Neben der Bruttoreichweite liefert auch die Nettoreichweite (= Anzahl der verschiedenen
Hostnames, die in einem bestimmten Zeitraum im Zugriffsprotokoll erscheinen) interessante
Kontrolldaten. Der Nutzer kann hier während eines Betrachtungszeitraumes mehrmals auf
eine Homepage zugreifen. Dabei wird jedem Zugriff auf die Homepage (marketing.html) der
dazugehörige Hostname (z.B. xy.de) zugeordnet und dann die Anzahl der insgesamt auftre-
tenden Hostnames bestimmt. Mehrmals registrierte Hostnames werden nur einmal gezählt.[140]

---

[137] Vgl. Hünerberg, Reinhard/Heise, Gilbert/Mann, Andreas: a.a.O., S. 201 f.
[138] Vgl. Altobelli, Claudia Fantapie/Hoffmann, Stefan: a.a.O., S. 128
[139] Vgl. ebenda, S. 128
[140] Vgl. ebenda, S. 130

Passive Meßverfahren geben allerdings bezüglich der Qualität der Berührung wenig Auskunft. Hierfür erlaubt die aktive Messung, die durch die Interaktion zwischen Sender und Empfänger erfolgt, weitaus präzisere Aussagen. Ein Instrument ist die Anwenderregistrierung durch Name und Paßwort. So können konkrete Nutzer erfaßt werden.

Eine weitere Möglichkeit der aktiven Messung sind Online-Nutzerbefragungen, die Aufschluß darüber geben können, ob der User zufällig oder bestimmt auf die eigene Homepage navigierte. Mittlerweile gibt es auch Programme zur Analyse von Internet-LogFiles in Kombination mit aktiven Nutzerbefragungen, mit denen der Anbieter selbständig Auswertungen vornehmen kann.[141]

2.3.6 Pro und Contra Online-Praxismarketing

Für ein Online-Praxismarketing spricht:[142]

● Multimediale Technologie

Ein besonderer Vorteil des Online-Marketing gegenüber herkömmlichen Medien liegt in der Interaktivität. Der Patient selektiert die gewünschte Information individuell und informiert sich gezielt z.B. auf einer Homepage über das Angebot eines Arztes. „Durch die bewußte und gewollte Beschäftigung mit diesen Informationen entsteht ein qualitativ intensiver werblicher Kontakt mit den Werbeinhalten, der eine höhere Wirkung impliziert."[143]

● Keine zeitlichen Restriktionen für die Geschäftätigkeit

Ein Internet-Zugriff kann 24 Stunden pro Tag erfolgen. Die Informationen über die Praxis können jederzeit abgerufen werden.

● Permanent aktuelle Marketinginformationen

Im Internet angebotene Informationen sind permanent verfügbar und können schnell aktualisiert werden, z.B. Publikationen zu aktuellen medizinischen Themen oder Bekanntgaben zur Praxisorganisation.

● Erfolgschancen für kleinere Unternehmen

Auch kleine Unternehmen, z.B. Arztpraxen, können zu relativ niedrigen Kosten in den globalen Markt eintreten.

---

[141] Vgl. Hünerberg, Reinhard/Heise, Gilbert/Mann, Andreas: a.a.O., S. 207 f.
[142] Vgl. Altobelli, Claudia Fantapie/Hoffmann, Stefan: a.a.O., S. 30 ff.
[143] Ebenda, S. 31

- Direkte Kontrollmöglichkeiten der Nutzung[144]

- Unmittelbare und technisch unaufwendige Optimierungsmöglichkeiten

Die einfache und schnelle Möglichkeit der Programmierung und Editierung von Online-Angeboten ermöglicht die Eliminierung oder das Hinzufügen von Informationen und führt durch den Wegfall klassischer Produktionsabläufe und Distributionszeiträume nicht zu erheblichem Mehraufwand.

Gegen ein Online-Praxismarketing spricht:
Für den Einsatz des Internet im Praxismarketing muß berücksichtigt werden, daß ein Arzt nicht weltweit Millionen von Nutzern, sondern in der Regel nur eine oder mehrere regionale Zielgruppen erreichen will. Dies relativiert den Nutzen einer globalen Verfügbarkeit. Außerdem hält sich das Feedback der Patienten noch in Grenzen, was auch erste Erfahrungen von Internet-Pionieren der Ärzteschaft bestätigen. Grund hierfür mag die noch unübersichtliche Angebotsstruktur von Ärzte-Homepages sein, die dem interessierten Patienten eine effektive Suche sehr schwer macht. Vorteilhaft wäre in Zukunft die Bündelung von Praxis-Homepages nach Fachgebieten und Regionen, um dem Patienten die Suche nach dem richtigen Arzt inklusive seiner virtuellen Zusatzinformationen zu erleichtern. An dieser Stelle sei auf die Anstrengungen von verschiedenen medizinischen Online-Diensten, z.B. 'http://www.aerzte-bayern.com', 'http://www.zahn-online.de', des Berufsverbandes der Allgemeinärzte sowie der Ärztekammern hingewiesen.[145]

Es sollte weiterhin überlegt werden, ob sich eine Internet-Präsenz für die Arztpraxis überhaupt lohnt, denn „nur im Internet zu sein, reicht nicht"[146]. Die Homepage muß gewartet werden und immer aktuell sein. Auf Patientenwünsche, -anregungen und -fragen (E-Mail) muß kompetent eingegangen werden. Die Homepage muß den Patienten einen Benefit bieten, denn sonst werden diese keine Notwendigkeit darin sehen gerade auf diese Homepage zu navigieren.[147]

---

[144] Siehe Kapitel 2.3.5
[145] Vgl. Riepl, Bernhard J.: a.a.O., S. 242
[146] Pelkmann, Thomas/Freitag, Reinhild: a.a.O., S. 40
[147] Siehe auch Kapitel 2.3.3

„Niemand weiß wirklich genau, wieviele Menschen sich im Internet bewegen und welche Interessen sie haben."[148] Die Entwicklung des Internet und die Studien über Internet-Nutzer[149] vermitteln nur erste Erkenntnisse über den noch recht jungen Online-Markt. Der Informationsanbieter muß unbekannte Faktoren mitberücksichtigen.

Ein weiterer Aspekt gegen ein Online-Praxismarketing ist die Tatsache, daß „der Internet-Boom..auf tönernen Füßen"[150] steht. Niemand kann mit hundertprozentiger Sicherheit sagen, ob die positive Entwicklung des Internet anhält, vergleiche BTX.

Als letztes sei noch erwähnt, daß „die technischen Möglichkeiten des Inter-net..unzulänglich"[151] sind. Um eine ansprechende Präsentation der Arztpraxis im Internet zu bieten, sind auch farbige Bilder, Graphiken, Töne, Sprache usw. nötig. Diese Gestaltung ist im WWW durch die Programmiersprache HTML (Hypertext Markup Language) auch theo-retisch möglich. Praktisch sieht die Situation allerdings wesentlich trüber aus. Die Übertra-gungsgeschwindigkeiten des Internet erlauben es nicht, vor allem je mehr Benutzer einge-loggt sind, aufwendiger gestaltete Seiten schnell zu übermitteln. Hier muß meist mit längeren Wartezeiten gerechnet werden. Viele User werden dadurch abgeschreckt und besuchen die Information-Site erst einmal nicht mehr. Diese „..Möglichkeiten machen ansprechendes Mar-keting im World Wide Web nicht gerade leichter."[152] Auch unterstützen unterschiedliche Browser nicht jede Anwendung optimal. Bei einer fortschrittlichen WWW-Darstellung be-steht die Gefahr, daß die Internet-Nutzer mit einem älteren Browser diese gar nicht so emp-fangen.[153]

2.4 Implementierung des Internet in die Praxismarketing-Konzeption

Eine Konzeption beinhaltet eine Darlegung von Maßnahmen zur Erreichung eines oder meh-rerer Ziele. Mit dem Marketing an sich wird wohl eine unternehmerische Grundeinstellung angestrebt. „Marketing als markt- bzw. kundenorientierte Unternehmensführung läßt sich

---

[148] Pelkmann, Thomas/Freitag, Reinhild: a.a.O., S. 42
[149] Siehe Kapitel 2.3.1.5
[150] Pelkmann, Thomas/Freitag, Reinhild: a.a.O., S. 42
[151] Ebenda, S. 46
[152] Ebenda, S. 46
[153] Vgl. ebenda, S. 47

dabei nur konsequent umsetzen, wenn dem unternehmerischen Handeln eine schlüssig abge-
leitete, unternehmensindividuelle Marketing-Konzeption zugrundegelegt wird."[154] Ursachen,
die eine Praxismarketing-Konzeption notwendig machen, sind:

- Die Entwicklung des Gesundheitsmarktes vom Verkäufer- zum Käufermarkt[155] und die
  dadurch verschärfte Wettbewerbssituation zwischen den Ärzten.

- Die zunehmend kritische Einstellung der Patienten gegenüber der ärztlichen Dienstleistung

- Da sich die wirtschaftliche Situation der meisten Arztpraxen durch die Neufassung der
  Gebührenordnung verschlechtert hat, ist der Arzt mehr denn je auf Selbstzahlerleistungen
  der Patienten angewiesen.

- Die Selbstmedikation der Patienten nimmt zu.[156]

Angesichts der veränderten wirtschaftlichen Situation auf dem Gesundheitsmarkt „...ist ein-
sichtig, daß eine klare Kursbestimmung für das Unternehmen (Arztpraxis) immer wichtiger
wird"[157], um der zunehmenden Konkurrenzsituation zwischen den Ärzten zu begegnen.
Es ist also notwendig, eine umfassende Handlungsanweisung für das markt- bzw. patienten-
gerechte unternehmerische Handeln in Form einer Praxismarketing-Konzeption zu erstellen.
Diese setzt abgestimmte Entscheidungen auf drei Ebenen voraus, und zwar auf der Ziel-, der
Strategie- und der Mixebene.

„Eine Marketing-Konzeption kann aufgefaßt werden als ein schlüssiger, ganzheitlicher
Handlungsplan („Fahrplan"), der sich an angestrebten Zielen („Wunschorten") orientiert, für
ihre Realisierung geeignete Strategien („Route") wählt und auf ihrer Grundlage die adäquaten
Marketinginstrumente („Beförderungsmittel") festlegt."[158] Bei dieser Konzeptionspyramide
„...erfolgt von oben nach unten eine zunehmende Konkretisierung bzw. Detaillierung der zu
treffenden Entscheidungen."[159]

---

[154] Becker, Jochen: a.a.O., S. 3
[155] Siehe Kapitel 2.2.2
[156] Siehe Kapitel 2.1
[157] Becker, Jochen: a.a.O., S. 4
[158] Becker, Jochen: a.a.O., S. 5
[159] Ebenda, S. 5

Darst. 11: Die Konzeptionspyramide nach Becker[160]

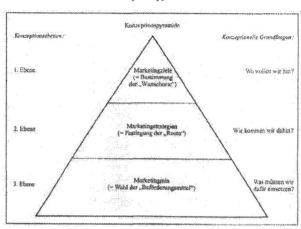

„Die Besonderheiten der Internet-Technologie gehen sowohl in die Ziele als auch die Strategie und den Marketingmix ein." Neu gegenüber der klassischen Marketing-Konzeption ist, „...daß die Strategie...zusätzlich die Wahl des Marktzugangs und begleitende Marketing-Maßnahmen im Internet"[161] berücksichtigt.

Darst. 12: Implementierung des Internet in die klassische Konzeptionspyramide[162]

---

[160] Becker, Jochen: a.a.O., S. 4
[161] Schott, Barbara/Brinschwitz, Thorsten/Nowara, Frank-Marc: a.a.O., S. 143
[162] Ebenda, S. 142

Das Online-Praxismarketing ist eine spezielle Variante des allgemeinen Praxismarketing und ist als solche in das gesamte Marketing-Konzept (insbesondere in die Kommunikationspolitik) der Arztpraxis zu integrieren. Ziel dabei ist es, durch formale bzw. stilistische, inhaltliche und zeitliche Synchronisation, Synergie- und Rationalisierungseffekte zwischen den eingesetzten Elementen der Praxismarketing-Maßnahmen zu erreichen.[163] „Das Online-Marketing-Angebot darf daher niemals als separates Konzept betrachtet, sondern muß immer im Gesamtkontext des allgemeinen Marketingkonzepts und der Corporate Identity der Unternehmung gesehen werden."[164]

Darst. 13: Bausteine der Praxismarketing-Konzeption[165]

(Markt-)Forschung und Analyse	Strategische Planung	Angebots-, Service-Entwicklung, Aktualisierung/ Elimination von Angeboten	Preis-gestaltung	Vertrieb	Werbung un Public Relatio
*Sammeln und regelmäßige Sichtung einschlägiger Informationen vom Geschehen außerhalb der Praxis	*Formulieren der Maßnahmen, die helfen sollen, die Praxisziele zu erreichen, und Planung der Marketingstrategie.	*Den Markt (Patienten/ Kunden) mit neuen Angeboten und Dienstleistungen ansprechen	*Festlegen von Preisen für Leistungen außerhalb der GKV.	*Mit den Augen Patienten das Leistungsangebot, die Leistungserbringung und den Komfort in der	*Bestehende und potentielle Patienten umfassend üb das Leistungs- und Serviceangebot informieren.
*Bewertung der Relevanz für die Praxis.	*Erkennen von Prioritäten und Chancen zur Optimierung des Praxiserfolges.	*Ertragsarme Leistungen verbessern oder eliminieren.	*Attraktive Zahlungsmodalitäten für Privatzahler anbieten.	Praxis überprüfen, Patienten unkompliziert und bequem das Leistungsangebot in Anspruch nehmen können.	z.B. durch persön che Beratungsgesprä Praxis-Zeitung Aktivitäten außerl halb der Praxis (Vereine usw.)
Beispiele: Patientenbefragung demographische Veränderungen, Beobachten von Trends.	Beispiele: Ernährungssprechstunde, Betreuung von Sportlern, umweltmedizinische Sprechstunde.				
Evaluation und Kontrolle der Maßnahmen auf deren Wirksamkeit					

Um das Internet „...strategisch im Marketing zur Erreichung von Wettbewerbsvorteilen und positiven Entwicklungseffekten für das Unternehmen zu nutzen, ist ein zielgerichtetes und geplantes Vorgehen erforderlich, das in eine Online-Konzeption mündet."[166]

---

[163] Vgl. Hünerberg, Reinhard/Heise, Gilbert/Mann, Andreas: a.a.O., S. 217
[164] Ebenda, S. 217
[165] Vgl. Riepl, Bernhard J.: a.a.O., S. 26-27
[166] Ebenda, S. 25

69

Die Grobstruktur eines Online-Marketing-Konzepts stellt sich nach *Hünerberg/Heise/Mann*
wie folgt dar:

Darst. 14: Struktur einer Online-Marketing-Konzeption[167]

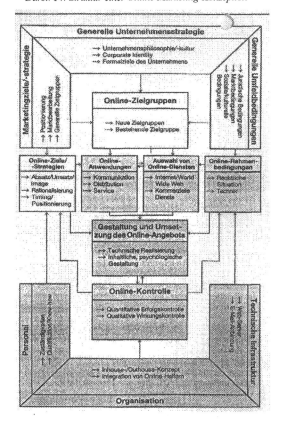

Das Planungs- und Kontrollmodell für Online-Marketing nach *Altobelli/Hoffmann* gliedert
sich in ähnlicher Form (Darst. 15).

---

[167] Hünerberg, Reinhard/Heise, Gilbert/Mann, Andreas: a.a.O., S. 26

Darst. 15: Das Planungs- und Kontrollmodell für Online-Marketing[168]

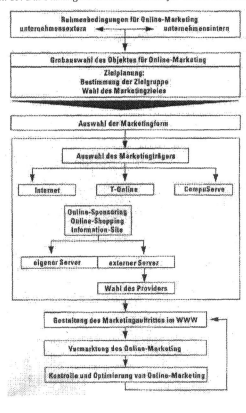

Betrachtet man beide Modelle, so erhält man die wichtigsten Kriterien für eine Online-Praxismarketing-Konzeption.

2.4.1 Online-Rahmenbedingungen für die Arztpraxis

Praxisextern:

- Gesamter Online-Markt: Entwicklung und Wachstum[169], Entwicklungsprognosen[170]

---

[168] Altobelli, Claudia Fantapie/Hoffmann, Stefan: a.a.O., S. 91
[169] Vgl. Kapitel 2.3.1.1
[170] Vgl. Kapitel 2.3.1.9

- Konkurrenzsituation:[171] Bereits im WWW vertretene Arztpraxen
- Patienten-Zielgruppen: Internetnutzer und deren Nutzungsverhalten[172]
- Wirkungsweise: Mögliche Marketingformen und Marketinginhalte im WWW[173]
- Standes- und Wettbewerbsrechtliche Grundlagen[174]
- Technische Daten: Aufbau[175], Dienste[176], Zugang zum Internet[177]

Praxisintern:

- Praxisphilosophie: Die Internet-Präsenz sollte mit der Praxisphilosophie und dem Praxisimage vereinbar sein
- Corporate Identity[178]: Bestandteile der CI sollten auf die Internet-Präsenz transferiert werden können
- Information-Site: Im Rahmen der Dienstleistungspolitik sollten online zusätzliche Services angeboten werden, im Rahmen der Kommunikationspolitik sollte klargestellt werden, welche Informationen im Internet bereitzustellen sind.

2.4.2 Online-Praxismarketingziele

Wichtig bei der Formulierung von Online-Praxismarketingzielen ist die Koordination mit den generellen Praxis- und Marketingzielen, um ein Entgegenlaufen der Online-Aktivitäten zur grundsätzlichen Marktpositionierung der Arztpraxis zu verhindern.[179]

Online-Praxismarketingziele sind:[180]

- durch die innovative Präsenz im Internet eine Verbesserung des Praxisimage zu erreichen

- Ansprechen von neuen Patienten-Zielgruppen

- Permanente Kommunikation mit den Patienten

[171] Vgl. Kapitel 2.1
[172] Vgl. Kapitel 2.3.1.5
[173] Vgl. die Kapitel 2.3.3 und 2.3.4
[174] Vgl. Kapitel 2.3.2
[175] Vgl. Kapitel 2.3.1.2
[176] Vgl. Kapitel 2.3.1.4
[177] Vgl. Kapitel 2.3.1.7
[178] Vgl. Kapitel 2.2.4
[179] Vgl. Hünerberg, Reinhard/Heise, Gilbert/Mann, Andreas: a.a.O., S. 27
[180] Vgl. Altobelli, Claudia Fantapie/Hoffmann, Stefan: a.a.O., S. 98 f.

- Online-Beratung

- Präsentation des Leistungsangebotes und Praxisinformationen

- Verankerung der Arztpraxis im Bewußtsein der Patienten-Zielgruppe

Erwartet werden dadurch positive Effekte auf Absatz, Umsatz und Bekanntheitsgrad der Arztpraxis.

2.4.3 Online-Praxismarketing-Strategie

2.4.3.1 Patienten-Zielgruppe

Bei der Festlegung der geeigneten Patienten-Zielgruppe geht es vor allem darum,

– bestehende Patientengruppen über das Internet zu erreichen und dort umfassend zu begleiten und zu betreuen. Zu erwarten sind dabei positive Effekte bezüglich Patientennähe und -loyalität.

– neue Patientensegmente im Internet anzusprechen und dadurch eine Ausweitung des Marktterrains zu erreichen.

Es ist dabei zu berücksichtigen, daß für die Online-Praxismarketing-Srategie nur die Online-Nutzer eine relevante (ansprechbare) Patienten-Zielgruppe darstellt, die nicht unbedingt zu der generellen Praxismarketing-Strategie gehört. Es ist allerdings durchaus sinnvoll jetzt im Internet präsent zu sein, da sich die Akzeptanz des neuen Mediums in breiten Bevölkerungsschichten zunehmend erhöht. Die Internet-Präsenz unterstützt zudem das innovative Image der Arztpraxis.

2.4.3.2 Marktfeldstrategie

Auf der Grundlage einer Analyse zu den Patienten-Zielgruppen der Arztpraxis können nach *Riepl* vier Varianten einer Marktfeldstrategie zum Einsatz kommen.

Darst. 16: Varianten einer Marktfeldstrategie[181]

	(A) verfügbares Angebot (Dienstleistungen/Service)	(B) neues Angebot (Dienstleistungen/Service)
(1) bestehender Markt (vorhandene Patienten)	**Markt-ausschöpfung**	**Angebots-entwicklung**
(2) neuer Markt (neue Patienten)	**Markt-erweiterung**	**Angebots-diversifikation**

- *Marktausschöpfung:* Sinnvoll, wenn ausreichend Wachstumspotential vorhanden ist oder eine Umschichtung der Patientenstruktur erfolgen soll. Auf dem aktuellen Gesundheitsmarkt ist Wachstum nur auf Kosten anderer Wettbewerber möglich.

- *Angebotsentwicklung:* Vertiefung und Erweiterung des bestehenden Angebotes. Denkbar ist eine 'Full-Service-Praxis'.

- *Markterweiterung:* Bietet sich an, wenn der Arzt über spezielle Kompetenzen verfügt, die aber wenig oder gar nicht in der eigenen Praxis nachgefragt wird. Denkbar sind Tätigkeiten außerhalb der Arztpraxis (z.B. Kurarzt, Betriebsarzt) oder eine kollegiale Kooperation mit anderen Ärzten in räumlich getrennten Praxen (insgesamt größerer Markt; die Partner profitieren jeweils von den Schnittmengen beider Märkte).

- *Diversifikation:* Überschneidet sich teilweise mit der Markterweiterung, insbesondere bei Leistungen außerhalb der Arztpraxis, da potentielle Patienten hier eventuell eine nicht in der Praxis nachgefragte Leistung in Anspruch nehmen. Eine klassische Möglichkeit mit neuen Angeboten neue Patienten anzusprechen ist die Partnerschaft in einer Gemeinschaftspraxis. Das Leistungsangebot sollte hier komplementär und synergetisch sein.[182]

Das Internet wird zur Ergänzung des ärztlichen Leistungsprogramms genutzt und in eine Marktfeldstrategie integriert. Dabei bestehen zwei Möglichkeiten:

- die Internet-Präsenz stellt ein zusätzliches (neues) Angebot (mit Zusatznutzencharakter)

---

[181] Riepl, Bernhard J.: a.a.O., S. 117
[182] Vgl. ebenda, S. 117 ff.

im bestehenden Markt, also für vorhandene Patienten, dar. Sie kann daher für eine *Ange-botsentwicklung* eingesetzt werden.

- die Internet-Präsenz stellt ein zusätzliches (neues) Angebot (mit Zusatznutzencharakter) in einem neuen Markt, also für neue Patienten, dar. Sie kann deshalb für eine *Angebotsdiversifikation* eingesetzt werden.

2.4.3.3 Timing und Positionierung

Desweiteren ist das strategische Vorgehen der Online-Aktivitäten zur Zielerreichung bezüglich *Timing* und *Positionierung* festzulegen.

„Timingstrategien beziehen sich auf die innovative Stellung des Unternehmens im Online-Wettbewerb, also auf die Frage, ob das Unternehmen eine Pionier- und Vorreiterrolle in seiner Branche spielen oder eher eine Nachzüglerstellung einnehmen will. Bei der Positionierung geht es darum, den Grad der Differenzierung gegenüber den Wettbewerbern in den Online-Diensten zu bestimmen. Hierbei steht es dem Unternehmen offen, sich an branchentypische Online-Aktivitäten anzulehnen oder sich bewußt von diesen abzuheben."[183]

2.4.4 Online-Praxismarketingform

Für eine Arztpraxis besteht wegen der standes- und wettbewerbsrechtlichen Beschränkungen für eine Online-Präsenz nur die Möglichkeit sich mittels einer Information-Site zu präsentieren.

2.4.5 Online-Praxismarketingträger

Online-Marketingträger sind das Internet (WWW), T-Online, CompuServe, America Online, Microsoft Network und Europe Online.[184] Wegen der in Kapitel 2.3.4 beschriebenen Vorteile ist das WWW als Online-Praxismarketingträger wohl am besten geeignet.

---

[183] Hünerberg, Reinhard/Heise, Gilbert/Mann, Andreas: a.a.O., S. 27
[184] Altobelli, Claudia Fantapie/Hoffmann, Stefan: a.a.O., S. 101

2.4.6 Online-Organisation

Eine der wichtigsten Voraussetzungen für einen erfolgreichen Internet-Einsatz ist die Bereitschaft, den Dialog mit den Online-Nutzern ernst zu nehmen. Während die Inhalte zwingend aus der Arztpraxis kommen müssen, kann die Realisation der Online-Präsenz auch von einem externen Dienstleister übernommen werden. Aus organisatorischer Sicht ist zu entscheiden, „...ob die Online-Gestaltung und der Online-Einsatz in eigener Regie oder außerhalb des Unternehmens von externen Spezialisten z.B. Werbeagenturen oder Grafikwerkstätten, durchgeführt werden."[185]

Für den Aufbau einer Information-Site muß ein WWW-Server zur Verfügung stehen, auf dem die Daten der Information-Site zugriffsbereit gespeichert sind.

Hierzu bestehen nach *Altobelli/Hoffmann*[186] folgende Möglichkeiten:

– Ein WWW-Server kann in der eigenen Praxis eingerichtet werden. Die Gestaltung des Internet-Auftrittes übernimmt die Arztpraxis in eigener Regie.

– Der Server wird ebenso in der Arztpraxis eingerichtet. Zur Gestaltung und Programmierung wird eine externe Werbeagentur für Neue Medien beauftragt.

– Der Server wird bei einem externen Internet-Service-Provider eingerichtet. Dies ist zu empfehlen, wenn die Arztpraxis noch nicht über ein Netzwerk mit einer externen Verbindung verfügt, denn der Aufbau eines Netzwerkes ist sehr kostenintensiv. Die Arztpraxis stellt die möglicherweise in Zusammenarbeit mit einer Online-Werbeagentur erstellten fertigen WWW-Seiten zur Verfügung.

– Eine Werbeagentur wird von der Arztpraxis mit der Schaffung eines Internet-Auftrittes beauftragt. Die Werbeagentur gestaltet den Auftritt und wählt einen Service-Provider aus, der die gesamte Web-Seite auf seinen Server legt.

– Die Arztpraxis beauftragt den Service-Provider mit der Gestaltung der Seiten und der Plazierung auf dem Server.

Kriterien für die Auswahl eines Providers wurden in Kapitel 2.3.1.7.3 dargestellt.

---

[185] Hünerberg, Reinhard/Heise, Gilbert/Mann, Andreas: a.a.O., S. 29
[186] Altobelli, Claudia Fantapie/Hoffmann, Stefan: a.a.O., S. 104

76

2.4.7 Der Online-Praxismarketing-Mix

Nach der Online-Zielfestlegung mit der darauf aufbauenden Formulierung der Online-Praxismarketing-Strategien ist der Online-Praxismarketing-Mix notwendig, um die eigentliche Umsetzung der Online-Ziele und Online-Strategien auf dem Online-Markt zu bewirken. „Der Marketingmix kann im Sinne einer vollständigen und konkret zu realisierenden Marketing-Konzeption insoweit als die zielorientierte, strategieadäquate Kombination der taktisch-operativen Marketinginstrumente (Beförderungsmittel) aufgefaßt werden."[187] Für die absatzpolitischen Instrumente Angebot bzw. Service, Preis, Distribution und Kommunikation[188] wird zwar je eine eigene Politik formuliert, ihr Einsatz hat aber koordiniert zu erfolgen. Die Kombination dieser Marketing-Operationen wird in der Literatur als Marketingmix bezeichnet.

Die Online-Anwendungen für eine Praxis-Homepage beziehen sich insbesondere auf die absatzpolitischen Instrumente Angebot (bzw. Service), Kommunikation und Distribution. Das Instrument Preis kommt wegen der standes- und wettbewerbsrechtlichen Beschränkungen bei einer Arzt-Homepage nicht zum Einsatz.[189]

Der Einsatz der Online-Praxismarketing-Instrumente hat in Abstimmung mit den Strategien und Aktivitäten des allgemeinen Praxismarketing-Konzeptes zu erfolgen. Ziel dabei ist es, Synergieeffekte einer integrierten Marktbearbeitung zu realisieren.[190]

2.4.8 Gestaltung der Online-Präsenz

Die von der Arztpraxis festgelegten Online-Praxismarketingziele können folgendermaßen in Online-Praxismarketinginhalte transferiert werden:

[187] Becker, Jochen: a.a.O., S. 485
[188] Vgl. Kapitel 2.3.3
[189] Vgl. Kap. 2.3.3
[190] Vgl. Hünerberg, Reinhard/Heise, Gilbert/Mann, Andreas: a.a.O., S. 27

Darst. 17: Transfer der Online-Praxismarketingziele in Online-Praxismarketinginhalte[191]

Vorgegebenes Ziel	Mögliche Marketinginhalte
Ziele mit Dienstleistungs- bzw. Servicebezug	
• Präsentation der Dienstleistung	⇒ Beschreibung der ärztlichen Behandlungsmöglichkeiten
	⇒ interaktive Darstellung einer Behandlung mit entsprechendem Geräteeinsatz (z.B. über eine Video-Animation)
	⇒ Darstellung der ärztlichen Leistungskompetenz (z.B. durch Publikationen, Artikel usw.)
• Präsentation des Serviceangebots	⇒ Darstellung der Serviceleistungen (Kap. 2.2.5)
	⇒ Online-Beratung
Ziele mit Praxisbezug	
• Darstellung von Praxisinformationen	⇒ Praxisphilosophie
	⇒ Praxisgeschichte
	⇒ Sonstige Daten
• Darstellung der Kommunikation der Arztpraxis	⇒ Artikel über die Arztpraxis
	⇒ Vorträge des Arztes
	⇒ sonstige Publikationen
• Zuständigkeitsgebiete	⇒ Praxismitarbeiterverzeichnis mit Angabe der Aufgabengebiete
• Darstellung von medizinischen Themen	⇒ aktuelles medizinisches Thema der Woche
Ziele mit Kommunikationsbezug	⇒ Mailmöglichkeit
	⇒ Online-Hilfe
	⇒ Diskussionsforum
Ziele mit Personalmarketingbezug	⇒ Ausschreiben von Stellen
	⇒ Ausschreiben von Praktika
	⇒ Online-Stellenbewerbung

Da die Internet-Nutzer 'on demand' selbst entscheiden, welche Informationen und welche Angebote sie annavigieren, reicht eine Praxismarketingrelevante Darstellung von Inhalten alleine nicht aus, um die Nutzer als Gäste der eigenen Homepage zu gewinnen. Es bedarf,

---

[191] Vgl. Altobelli, Claudia Fantapie/Hoffmann, Stefan: a.a.O., S. 118 f.

78

wie oben dargestellt, zusätzlicher Komponenten, die einen entsprechenden Nutzen bringen, um die 'Surfer' für den Auftritt zu begeistern. „Das bedeutet, daß der Anbieter sein Online-Angebot so interessant und attraktiv gestalten muß, daß die Nutzer...als Gäste...“[192] gewonnen und „..aus zufälligen Besuchern Stammgäste..“[193] werden.

Inhalte mit Advertainment[194]-Charakter wären Gewinnspiele, Preisausschreiben, Computerspiele usw. Für ein Online-Praxismarketing scheiden diese Maßnahmen allerdings wegen der standes- und wettbewerbsrechtlichen Beschränkungen für Ärzte aus.

Inhalte mit Benefitting[195]-Charakter wären beispielsweise aktuelle medizinische Themen, Hyperlinks zu verwandten Info-Sites, eine Suchfunktion, Empfehlung und Darstellung von medizinischen Pflegeprodukten usw.[196]

Nach *Hünerberg/Heise/Mann*[197] sind folgende Punkte beim Aufbau eines interessanten, erfolgreichen Servers zu berücksichtigen:
– Aufwendige Grafiken erfordern große Datenmengen und dadurch insbesondere bei Modemeinsatz lange Übertragungszeiten. Dadurch besteht die Gefahr, daß die Nutzer die Übertragung vorzeitig stoppen. Grafiken und Bilder sollten deshalb für die Internet-Präsentation optimiert werden. Eine Möglichkeit die Daten auf 10 % der ursprünglichen Datenmenge zu reduzieren besteht darin, parallel eine optimal gestaltete „Nur-Text-Version“ anzubieten. So kann der Nutzer die Server-Inhalte auch ohne Bilder abfragen und dadurch die Übertragungszeit erheblich verkürzen. Anstatt großer Bilder können viele kleine auf der Homepage plaziert werden, die dann optional durch 'Anklicken' vergrößert werden.
– Das Informationsangebot sollte möglichst komplett und in der Lage sein, alle Fragen der Interessenten zu beantworten. Sogenannte 'Baustellen'-Sites, die noch nicht fertig gestaltet sind, sollten vermieden werden, denn diese führen leicht zur Verärgerung seitens der Nutzer und veranlassen diese eventuell dazu den Server nicht mehr anzusteuern.

[192] Hünerberg, Reinhard/Heise, Gilbert/Mann, Andreas: a.a.O., S. 184
[193] Ebenda, S. 184
[194] Advertainment = Verknüpfung von Entertainment und Advertisement
[195] Benefitting = Zusatznutzen
[196] Vgl. Altobelli, Claudia Fantapie/Hoffmann, Stefan: a.a.O., S. 120
[197] Hünerberg, Reinhard/Heise, Gilbert/Mann, Andreas: a.a.O., S. 184 ff.

Bei umfangreichen Inhalten empfiehlt sich der Einsatz einer Suchmaschine, die eine Voll-textrecherche ermöglicht. Der Nutzer gibt einen Suchbegriff ein und erhält dann eine dazu passende Trefferquote zu entsprechenden Dokumenten. Der E-Mail-Service ist ein beson-ders interessanter und preiswerter Weg, mit den Patienten-Zielgruppen zu kommunizieren und sollte deshalb unbedingt wahrgenommen werden.

– Das Online-Angebot sollte regelmäßig ergänzt und aktualisiert werden, ansonsten verliert die Online-Präsenz sofort an Interesse und Akzeptanz. Die Online-Präsenz muß immer wieder überraschend und lebendig sein. Aktualität ist das beste Mittel, um die Nutzer zu häufigen Server-Besuchern zu machen. Durch die Multimedia-Fähigkeit des World Wide Web ist es kein Problem, die Homepage aktuell und interessant zu gestalten.[198]

– Eine übersichtliche Organisation der Server-Inhalte. Durch Hypertext-Links können In-formationen strukturiert, didaktisch aufbereitet und vernetzt werden. Bei der Darstellung unterscheidet man in Menübereiche. Hier werden Inhaltsbereiche, sowie Servicefunktio-nen (z.B. Suchmaschine) und Kommunikationsangebote (z.B. E-Mail) angezeigt. Hilf-reich bei einer solchen Gestaltung ist JAVA[199].

– In einem Diskussionsforum können Patienten ihre Meinungen mitteilen und Erfahrungen austauschen. Denkbar für den Arzt ist in diesem Zusammenhang zu einem angekündigten Termin (z.B. einmal pro Woche) selbst als Diskussionsmoderator und- partner für Fo-rumsbesucher zur Verfügung zu stehen. Zwar steuern in den meisten Fällen nur ca. 5 % der Teilnehmer eigene Beiträge bei, die Erfahrung zeigt aber, daß Foren viele interessierte 'stille' Besucher anlocken.

– Untersuchungen zeigen, daß rund zwei Drittel der Internet-Nutzer vor allem auch Spaß am Internet haben wollen. Dies sollte bei der Konzipierung des Online-Angebotes be-rücksichtigt werden. Dementsprechend können praxisfremde Themen mit verweisenden Links oder Witziges und Interessantes aus Politik, Kultur, Sport, Freizeit usw. auf dem Server bereitgestellt werden. Ein weiterer wirksamer Weg zur Patientenbindung.

2.4.9 Bekanntmachung der Online-Präsenz

Nachdem die Online-Präsenz eingerichtet ist, muß dieses Engagement bei den Patienten-

---

[198] Vgl. Kapitel 2.3.4.2
[199] Vgl. Kapitel 2.3.1.4.9

Zielgruppen und weiteren Interessenten bekannt gemacht werden, denn „ohne eine ausrei-
chende Vermarktung in Online-Medien und klassischen Medien wird der Marketing-Auftritt
nicht genutzt."[200] Das Online-Engagement muß nicht nur in die Marketingpolitik integriert,
sondern auch durch deren Instrumente, hier insbesondere durch kommunikationspolitische
Instrumente gestützt werden.

Die Adressen der Online-Aktivitäten der Arztpraxis müssen den bestehenden Dialogangebo-
ten hinzugefügt werden, d.h. auf allen Drucksachen, die Telefonnummer oder Anschrift der
Arztpraxis enthalten, sollte auch die E-Mail- sowie die WWW-Adresse angegeben werden.
„Nebenebei führt diese Vermarktungsform noch zu einer Verstärkung der Bekanntheit des
Internet in der breiten Bevölkerung und so möglicherweise zu einer größeren Verbreitung des
WWW."[201]

Im Internet bestehen einige Möglichkeiten, die Online-Präsenz auch online zu promoten. Zuerst sollte man sich in die diversen 'What's New, What's Cool'-Listen auf der Benutzeroberfläche von Browsern wie z.B. bei Netscape eintragen lassen. Diese Listen dienen als Anlauf-
stelle für Nutzer, die wissen möchten welche Anbieter neu im Netz vertreten sind. Der Eintrag ist meist kostenlos, bleibt jedoch nur ein paar Tage bestehen.

Damit es Interessenten, die den URL der Homepage nicht kennen, möglich ist die Online-
Präsenz trotzdem zu finden, sollte man sie unbedingt in die verschiedenen Search Engines
(z.B. Yahoo, Lycos AltaVista etc.) eintragen lassen. Ein Nutzer, der über eine Search Engine
im Internet nach Informationen über Arztpraxen sucht, gibt dies auch als Suchbegriff ein und
erhält dann eine Liste aller eingetragenen Ärzte-Homepages. Über das Anklicken eines der
Suchergebnisse kommt der Nutzer über die Hyperlink dann direkt zu einer gewählten Arzt-
Homepage. In der Regel sendet man ein E-Mail zu den Betreibern der Search Engine und
wird dann meist kostenlos in die Datenbank aufgenommen.

Eine weitere Möglichkeit der Bekanntmachung der eigenen Homepage bietet die Vernetzung
zwischen affinen Homepages. So ist für eine Arzt-Homepage beispielsweise ein Hinweis zu

---

[200] Altobelli, Claudia Fantapie/Hoffmann, Stefan: a.a.O., S. 125
[201] Ebenda, S. 126

einem Hyperlink 'Zahnärzte' auf der Information-Site eines medizinischen Online-Dienstes oder Zahnpflege-Produkte-Herstellers denkbar. Die Plazierung eines Hyperlink erfolgt nach Absprache mit den affinen Anbietern.[202]

2.4.10 Controlling und Optimierung der Online-Präsenz

Auf der Basis eines Online-Controlling[203] und der dadurch erhaltenen Daten kann das Online-Praxismarketing optimiert werden.

Die Information-Site kann durch eine Auswertung von Meinungen und Anregungen von Nutzern via E-Mail auch ohne Kontrolldaten optimiert werden. Ein solches Feedback gibt aufschluß über die von den Nutzern erwartete Qualität des Informationsangebotes. Aus den Meinungen und Anregungen der Nutzer können sofort Stellgrößen zur Optimierung abgeleitet werden (z.B. Verbesserung der graphischen Auswahlmöglichkeiten).

Die Rückantworten sollten über einen gewissen Zeitraum hinweg gesammelt und dann zur nächsten Optimierung berücksichtigt werden.

Die gewonnenen Daten aus dem Zugriffsprotokoll müssen mit der Zielsetzung des Online-Praxismarketing verglichen werden. Bei Diskrepanzen müssen Handlungsalternativen (als Stellgröße zur Optimierung) gefunden werden.

- *Optimierung mit Hilfe von Brutto- und Nettoreichweite und der Kontaktdauer*

Online-Zielsetzung: Schaffung eines Bewußtseins für die Arztpraxis und Patientenbindung. Maßnahme: Anzahl der mehrmaligen Kontakte und Kontaktdauer erhöhen. Beispielsweise durch nutzeradäquate Aufbereitung der Inhalte, ständige Aktualisierung der Angebote und Erweiterung des Angebotes durch Inhalte mit Zusatznutzencharakter.

- *Optimierung mit Hilfe der präferierten Dateien*

Qualitativ hochwertige Graphiken und Bilder vergrößern das Dateivolumen und verlängern dadurch die Ladezeit. Deswegen werden diese von den Nutzern eventuell nicht mitabgeladen. Die Dateigröße wird beispielsweise durch eine Verkleinerung der Auflösung optimiert.

---

[202] Vgl. Altobelli, Claudia Fantapie/Hoffmann, Stefan: a.a O, S. 125 ff.
[203] Vgl. Kapitel 2.3.5

82

- *Optimierung mit Hilfe der präferierten Seiten*

Werden bestimmte Server-Seiten nicht zufriedenstellend genutzt, sollten diese auf ihre inhaltliche Attraktivität und Übersichtlichkeit hin überprüft werden.

Stark frequentierte Seiten sollten durch Hyperlinks auf andere weniger besuchte Seiten verweisen. Seiten, die trotz starker Promotion auf der Eingangsseite gar nicht genutzt werden, sollten entfernt oder mit einem treffenderen Hinweis promoted werden.[204]

2.4.11 Werbewirksamkeit der Online-Präsenz

Zur Überprüfung der Werbewirksamkeit der Online-Präsenz ist das sogenannte AIDA-(Attention-Interest-Desire-Action)-Modell[205] hilfreich.

3. Entwicklung einer Online-Praxismarketing-Konzeption für die Zahnarztpraxis Dr. Helmut Groß in Nürnberg[206]

In den vorangegangenen Kapiteln wurden stufenweise Möglichkeiten und Grenzen eines Online-Praxismarketing und anschließend ein Modell zur Entwicklung einer Online-Praxismarketing-Konzeption dargestellt. Dieses Modell soll nun als Basis zur Entwicklung einer Online-Praxismarketing-Konzeption für die Zahnarztpraxis Dr. Helmut Groß in Nürnberg dienen.

3.1 Die Zahnarztpraxis Dr. Helmut Groß

Die Zahnarztpraxis Dr. Helmut Groß befindet sich in der Kaiserstraße 13 in Nürnberg und somit in bester Innenstadtlage. Dr. Groß ist dort seit 1995 zahnärztlich tätig. Die wirtschaftliche Entwicklung verlief in den letzten drei Jahren äußerst positiv; die Zahl des Patientenstammes beträgt zum jetzigen Zeitpunkt ca. 800 und steigt stetig. Die zahnärztliche Behandlung in der Praxis umfaßt im wesentlichen die Bereiche Prophylaxe[207], konservierende Be-

---

[204] Vgl. Altobelli, Claudia Fantapie/Hoffmann, Stefan: a.a.O., S. 142 ff.
[205] Siehe Anlage 2
[206] Die Daten für die Online-Praxismarketing-Konzeption wurden aus einem persönlichen Gespräch mit dem Zahnarzt Dr. Groß und den Praxismitarbeitern unter Verwendung eines Fragebogens gewonnen
[207] Prophylaxe = Vorsorge und Maßnahmen zur Erhaltung gesunder Zähne

handlung (Zahnkronen, Inlays usw.), Prothetik (Brücken, Prothesen usw.) und Parodonto-se[208]. Das unternehmerische Handeln der Praxis erfolgt unter Beachtung der Vorschriften der MBO-Ä mit dem Ziel, eine qualitativ hochwertige Arbeit zu leisten, wobei das Kosten-Leistung-Verhältnis für den Patienten angemessen sein soll; der Patient soll eine einfühlsame Behandlung möglichst ohne Bohren bekommen; der Praxisablauf soll ohne Hektik erfolgen, aber trotzdem mit geringen Wartezeiten für den Patienten.

3.2 Online-Rahmenbedingungen

Das Internet hat in den letzten Jahren als neues Informations- und Kommunikationsmedium erhebliche Fortschritte in der allgemeinen Verfügbarkeit und globalen Vernetzung gemacht. „Der Siegeszug des PC als verfügbares Arbeitsmittel im beruflichen wie im privaten Umfeld einerseits und der weltumspannende Ausbau leistungsfähiger Kommunikationsnetze anderer-seits haben neue Formen der Kommunikation ermöglicht, die bereits zu selbstverständlichen Verhaltensformen geführt haben. Der zur Zeit erlebte Boom der Online-Dienste, insbesonde-re des Internet, zeigt, daß die elektronische Information das kommende Kommunikationsin-strument schlechthin sein wird."[209] Diese Fakten zeigen, daß das Internet als Medium zum Transport von sachlichen Praxisinformationen sehr geeignet ist und dadurch zum integrierten Instrument im Praxismarketing-Mix werden kann.

Bereits heute sind einige Zahnarztpraxen mit einer eigenen Homepage im WWW vertreten, die durch ihre Online-Präsenz als „...Innovatoren und Meinungsführer dazu beitragen, die Online-Aktivitäten ihrer Branche weiter dynamisch voranzutreiben."[210] So sind von insgesamt 62.024 in Deutschland tätigen Zahnärzten[211] in einem der bekanntesten Online-Dienste für Zahnärzte 'www.zahn-online.de' derzeit 227 Zahnärzte bundesweit, davon 42 in Bayern und 16 in Nürnberg und Umgebung eingetragen; über eine eigene Homepage verfügen davon allerdings bundesweit nur 65, bayernweit 11 und in Nürnberg und Umgebung 4.[212] Es gibt

---

[208] Parodontose = die ohne Entzündung verlaufende Erkrankung des Zahnbettes mit Lockerung der Zähne; Zahnfleisch-Schwund
[209] Hünerberg, Reinhard/Heise, Gilbert/Mann, Andreas: a.a.O., S. 255
[210] Altobelli, Claudia Fantapie/Hoffmann, Stefan: a.a.O., S. 153
[211] Vgl. Statistisches Bundesamt 1997: Health care staff, [URL: http://194.95.119.6/basis/e/healtab2.htm]
[212] Eigene Erhebung

natürlich noch andere zahnärztliche Online-Dienste mit weiteren Praxis-Homepages zum Abruf und auch in Suchmaschinen befinden sich autonom einige Zahnarzt-Adressen. Allerdings zeigt sich anhand der niedrigen Zahl der Online-Präsenzen im Vergleich zu der Gesamtzahl tätiger Zahnärzte die noch relativ geringe Verwendung des Internet als Informations- und Kommunikationsmedium in der (Zahn)ärzteschaft. Es gibt aber genügend Gründe, die für eine Online-Präsenz sprechen[213] und „wer zu Beginn dabei ist, kann die Richtung mitbestimmen; wer zu spät kommt, kann nur als Trittbrettfahrer auf einem fahrenden Zug dabei sein."[214]

Die Online-Angebote der Konkurrenz sind streng nach den gesetzlichen Vorschriften gestaltet. Die meisten Zahnarzt-Homepages wirken allerdings recht unprofessionell und beschränken sich oft auf die Präsentation eines virtuellen Praxisschildes. Einige Information-Sites dagegen lohnen einen Besuch, so z.B. 'www.kumbera.de', 'www.vorbeck.de' oder 'www.liebig.net/drjliebig'. Diese Homepages präsentieren sich professionell; mit klarem Konzept, eigenem Domain-Namen und einem ansprechenden Design.

Die Online-Praxismarketing-Konzeption für die Zahnarztpraxis Dr. Groß erfolgt, wie auch bei den Internet-Auftritten der Konkurrenz, streng nach den in Kapitel 2.3.2 dargestellten standes- und wettbewerbsrechtlichen Vorschriften für die Gestaltung einer Praxis-Homepage. Durch die rechtliche Situation ist für die Information-Site der Praxis Dr. Groß ein enger gestalterischer Rahmen vorgegeben.

Als Dienste für die Online-Aktivität kommen E-Mail und das World Wide Web zum Einsatz. Die Gründe hierfür wurden in den Kapiteln 2.3.1.4.1, 2.3.1.4.2 und 2.3.4 dargestellt.

Für den Zugang zum Internet wird auf Kapitel 2.3.1.7 hingewiesen. Für die Online-Konzeption Dr. Groß bestehen folgende Möglichkeiten eines Zugangs:

- *Präsentation des Online-Angebotes auf dem Server eines Providers bzw. einer Online-Agentur[215]*

---

[213] Vgl. Kapitel 2.3.6
[214] Riepl, Bernhard J.: a.a.O., S. 243
[215] Vgl. Kapitel 2.3.1.7.3

85

Da sich die Marketingaktivitäten der Zahnarztpraxis hauptsächlich regional ausrichten und die Kosten für den Aufbau eines eigenen kompletten Servers zu hoch sind, ist die Möglichkeit der Untermiete (Serverplatz wird angemietet = Serversharing) in Form einer Sub-Domain bei einer Online-Agentur (Provider) zu präferieren. Die Sub-Domain ist ein Unterabschnitt in einer Rechneradresse, die sich beispielsweise wie folgt gliedert:

www	*Domain*	*Top-Level-Domain*	*Subdomain*
www	online-agentur	de	drgroß

also beispielsweise 'www.online-agentur.de/drgroß/index.htm'. Die Top-Level-Domain 'de' steht für Deutschland. „Die Hauptvorteile einer Sub-Domain bei einer Online-Agentur (Provider) sind günstigere Kosten und die Möglichkeit der Bündelung von Angeboten."[216] So kann der Forderung, Homepages von niedergelassenen Zahnärzten nach PLZ und Fachgruppen in Adreßpools zu bündeln, entsprochen werden.[217] Die Suche nach dem geeigneten Zahnarzt wird dadurch erleichtert. Die Servereinrichtung kostet ca. 50 DM.

Vorteil: professionelle Adresse durch Sub-Domain bei Online-Agentur (Provider), Server zu 99% verfügbar.

Nachteil: Wartung (ca. 60 DM/Stunde) nur durch Online-Agentur (Provider) möglich.

- *Die Präsentation des Online-Angebotes innerhalb eines Online-Dienstes*[218]

Die Adressen bei den drei großen Online-Diensten lauten beispielsweise:

- members.*aol*.com/drgroß/index.htm; Preis: 9,90 monatliche Grundgebühr inklusive 2 Freistunden; die Speicherkapazität für die Präsentation beträgt 2MB.
- ourworld.*compuserve*.com/homepages/drgroß/index.htm; Preis: monatliche Grundgebühr 15,- inklusive 5 Freistunden; die Speicherkapazität beträgt 1MB.
- home.*t-online*.de/home/drgroß/indexhtm; 8,- monatliche Grundgebühr; die Speicherkapazität beträgt 1MB.

Vorteil: kostengünstig, Wartung selbst möglich, 2 bzw. 5 Internetstunden inklusive.

---

[216] Schott, Barbara/Brinschwitz, Thorsten/Nowara, Frank-Marc: a.a.O., S. 146
[217] Vgl. Kapitel 2.3.6
[218] Vgl. Kapitel 2.3.1.7.2

Nachteil: unprofessionelle Adresse, intuitiv nicht auffindbar, begrenztes Speichervolumen, häufigere Systemausfälle. Die Corporate Identity steht zugunsten des Online-Dienstes zurück.[219]

Die Online-Konzeption kann in beiden Fällen in eigener Regie erfolgen.[220] Zu empfehlen ist allerdings das Beauftragen einer Full-Service-Internet-Agentur, damit der Arbeitsablauf in der Zahnarztpraxis nicht zusätzlich belastet wird. Die Internet-Agentur übernimmt alle Leistungen innerhalb des Online-Praxismarketing. Dazu gehören Konzeption, Beratung, Durchführung, Schulung, die Auswahl eines geeigneten Providers oder Online-Dienstes sowie die Bekanntmachung und Überwachung des Angebotes.[221]

- *Präsentation des Online-Angebotes bei der zuständigen Ärztekammer, bei einem medizinischen Online-Dienst oder bei Ärzteinitiativen.*[222]

Hier sind die Kosten niedrig, allerdings gelten auch hier die gleichen Nachteile wie bei den Online-Diensten.

Die moderne, fortschrittliche (Einrichtung und Ausrüstung) Zahnarztpraxis Dr. Groß präsentiert sich und ihr qualitativ hochwertiges und umfangreiches Leistungsangebot auf einer mit der gesamten Corporate Identity abgestimmten Praxis-Homepage. Dabei werden virtuelle Informationen über die Themen 'Ästhetik schöner Zähne', 'Prophylaxe', 'Zahnerhalt', 'Zahnersatz' und 'Angst vor der Behandlung' gegeben.

3.3 Online-Praxismarketingziele

Bezogen auf Kapitel 2.1 zeigt sich, daß der Zahnarzt heute bei steigender Zahnarztdichte mit einem nahezu gleich zu verteilendem Gesamthonorar, einem zunehmendem Wettbewerb zwischen den Kollegen ausgesetzt ist (→ Entwicklung vom Verkäufer- zum Käufermarkt).

---

[219] Vgl. Kapitel 2.2.4
[220] Vgl. Kapitel 2.3.1.7
[221] Vgl. das Leistungsangebot der Online-Agentur *B&N - Internet-Marketing,*
[URL: http://www.internet-marketing.de]
[222] Vgl. Kapitel 2.3.1.7.4

Die steigende Zahl der arbeitslosen Zahnärzte unterstreicht die Erkenntnis, daß mittlerweile auch auf dem Gesundheitsmarkt im Zuge der Wettbewerbsverschärfung in zunehmendem Maße ein Verdrängungswettbewerb stattfindet. Hinzu kommt die immer kritischere Einstellung der Patienten gegenüber der zahnärztlichen Dienstleistung.

Um dieser Entwicklung entgegenzuwirken, wird eine Verbesserung der Kommunikation und der Servicequalität angestrebt, um die Patientenbindung zu erhöhen bzw. neue Patienten zu gewinnen. Das Hauptanliegen richtet sich demnach darauf, Informationen über die Zahnarztpraxis Dr. Groß und ihr Leistungsangebot über das Internet zu transportieren, sowie insbesondere den Dialog mit den (potentiellen) Patienten einzugehen. Der Dialog wird von Dr. Groß dazu genutzt, um mehr über die Bedürfnisse und Wünsche der Nutzer zu erfahren. Die Anwender nutzen das Angebot zum Dialog, um mehr über die Zahnarztpraxis und deren Leistungsangebot zu erfahren. Erhofft wird sich dadurch ein Wettbewerbsvorteil gegenüber zahnärztlichen Kollegen, indem durch das zusätzliche, innovative Online-Angebot das Praxisimage bzw. der Bekanntheitsgrad verbessert, eine neue Patienten-Zielgruppe angesprochen und die Zahnarztpraxis Dr. Groß im Bewußtsein dieser verankert wird. Instrumente hierfür sind eine Online-Beratung, die Präsentation des Leistungsangebotes bzw. von sachlichen Praxisinformationen und die permanente Kommunikation mit den Patienten. Der Wettbewerbsvorteil soll in einem verbesserten Absatz der Leistungen und damit höherem Umsatz bzw. Gewinn und mehr Marktanteilen münden.

3.4 Online-Praxismarketing-Strategie

3.4.1 Patienten-Zielgruppe

Der vorhandene Patientenstamm von ca. 800 Personen wohnt vorwiegend in Nürnberg, ist gebildet, durchschnittlich 25-50 Jahre alt und verfügt über ein gehobenes Haushaltsnettoeinkommen. Eine geringere Zahl der Patienten reist auch bayernweit zur zahnärztlichen Behandlung bei Dr.Groß an. Das Verhältnis zwischen Privatpatienten $\leftrightarrow$ Kassenpatienten beläuft sich auf ca. 40 $\leftrightarrow$ 60. Die Patienten erwarten eine qualitativ sehr gute zahnärztliche Dienstleistung.

Das Online-Angebot soll sich sowohl an vorhandene als auch an potentielle Patienten (mit ähnlicher demographischer Struktur) richten. Durch die steigende Popularität des Internet ist der Dialog mit einer breiteren Bevölkerungsschicht, also mit einer größeren Zahl potentieller Patienten möglich. In Anlehnung an Kapitel 2.3.1.5 zeigt sich eine weitgehende Überein-stimmung zwischen dem durchschnittlichen Online-Nutzer und den vorhandenen Patienten bzw. der gewünschten Patienten-Zielgruppe. Man erreicht im Internet also eine optimale Pa-tienten-Zielgruppenansprache.

Vor- und Nachteile des Online-Praxismarketing für die Patienten-Zielgruppe wurden in Kapi-tel 2.3.6 dargestellt.

3.4.2 Marktfeldstrategie

Die Zahnarztpraxis Dr. Groß nutzt alle zur Verfügung stehenden Methoden der modernen Zahnmedizin für Therapie, Prophylaxe und eine schonende und effiziente Behandlungsweise. Der Einsatz des Internet als innovatives Informations- und Kommunikationsmedium soll das Leistungsangebot ergänzen, die zahnärztliche Kapazität transferieren und das moderne, fort-schrittliche Image der Praxis unterstreichen bzw. suggerieren. Die Ergänzung des Leistungs-angebotes durch die Praxis-Homepage unterstützt die Positionierung der Zahnarztpraxis im Wettbewerbsumfeld.[223]

Im Rahmen einer Angebotsentwicklung werden vorhandene Patienten, im Rahmen einer An-gebotsdiversifikation neue Patienten-Zielgruppen, angesprochen.

3.4.3 Timing und Positionierung

Die Information-Site von Dr. Groß orientiert sich an den Online-Auftritten der Konkurrenz mit dem Ziel, die Praxismarketinginhalte gemäß Benefitting (Zusatznutzen) und Infotisement (Information + Advertisement) zu übermitteln. Als Bausteine der Internet-Präsenz dienen dazu

→ die Informationskomponente

---

[223] Vgl. Riepl, Bernhard J.: a.a.O., S.151

→ die Verkaufskomponente und

→ die Unterhaltungskomponente.[224]

3.5 Online-Praxismarketingform

Die Zahnarztpraxis Dr. Groß präsentiert sich mit einer Information-Site im Internet.

3.6 Online-Praxismarketingträger

Das World Wide Web ist der interessanteste Dienst innerhalb des Internet[225] und wird deshalb als zentrales Element der Online-Aktivität betrachtet. Außerdem wird E-Mail[226] für die Kommunikation mit den (potentiellen) Patienten eingesetzt.

3.7 Online-Organisation

Die Inhalte für die Information-Site sollten zusammen mit einer Online- bzw. Werbeagentur erarbeitet werden. Der Server wird bei einem Provider bzw. einer Online-Agentur eingerichtet. Um einen professionell wirkenden Internet-Auftritt zu präsentieren, sollte das Webdesign, die Programmierung der Seiten und deren Wartung ebenfalls von einem Provider bzw. einer Online-Agentur übernommen werden.

3.8 Online-Praxismarketing-Mix

3.8.1 Angebots- bzw. Servicepolitik

Wie in Kapitel 2.3.3.2 dargestellt, richtet sich bei der Produktpolitik im Internet, insbesondere für eine Praxis-Homepage, das Hauptaugenmerk auf den Online-Service. Dieser kann als Wettbewerbs- und Profilierungsinstrument genutzt werden, mit dem Ziel einen zusätzlichen

---

[224] Vgl. Hansen, Hans Robert: Klare Sicht am Info-Highway, S. 179
[225] Vgl. Kapitel 2.3.4
[226] Vgl. Kapitel 2.3.4.1

Nutzen für die (potentiellen) Patienten zu schaffen und dadurch die Marktposition der Zahnarztpraxis zu festigen oder auszubauen.[227]

Die Internet-Präsenz der Zahnarztpraxis Dr. Groß soll deshalb die Komponenten Beratung
und Information, zahnmedizinische bzw. andere interessante Links und sonstige Zusatzlei-
stungen beinhalten. Außerdem wird den Patienten-Zielgruppen über E-Mail und ein Gästebuch die Möglichkeit gegeben sich durch Meinungen und Verbesserungsvorschläge in den
Erstellungsprozeß der Serviceleistungen einzubringen. Das Gästebuch ist öffentlich zugänglich.

Die Online-Beratung als typische Mehrwertleistung erfolgt über E-Mail. Hier erhält der
(potentielle) Patient eine individuelle Information zu seiner Anfrage bezüglich zahnmedizini-
scher oder sonstiger Probleme. Diese Anfragen können von der Zahnarztpraxis ausgewertet
und in einer Datenbank mit spezifischen Antworten zum Abruf bereitgestellt werden. In einer
solchen *Frequently Asked Question (FAQ)* List, z.B. in Form einer Pinnwand, werden für
typische Fragestellungen und den Informationsbedarf der Patienten-Zielgruppen effiziente
Antworten gegeben. Insbesondere für potentielle Patienten, die die Zahnarztpraxis und deren
Dienstleistungsangebot noch nicht kennen, ist solch ein Informationsangebot eine nutzenbrin-
gende Einrichtung.[228]

Die Informationskomponente soll der Patienten-Zielgruppe nützliche und aktuelle Inhalte
bieten. Hierzu gehören Informationen über die Zahnarztpraxis Dr. Groß, Informationen über
das Dienstleistungsangebot der Praxis und zusätzliche Informationen.

Wichtig ist diesbezüglich auch der Einsatz einer Unterhaltungskomponente, da das bloße
Bereitstellen von Praxisinformationen ohne ersichtlichen Nutzen mittlerweile keinen Online-
Nutzer mehr auf die Homepage locken kann.[229] „Die richtige Mischung aus Information,
Werbung (bzw. Selbstdarstellung) und Unterhaltung sind ein sicheres Rezept für hoch fre-
quentierte Web-Sites."[230]

---

[227] Vgl. Hünerberg, Reinhard/Heise, Gilbert/Mann, Andreas: a.a.O., S. 177
[228] Vgl. ebenda, S. 162
[229] Vgl. Hansen, Hans Robert: a.a.O., S. 179 f.
[230] Ebenda, S. 183

Darst. 18: Die Informationskomponente[231]

Informationen über die Zahnarztpraxis Dr. Groß	→ Praxisgeschichte, -philosophie, -gegenstand → Zulassung zu Krankenkassen → Vorstellung der Praxismitarbeiter → Sprechzeiten → Adresse und Lageplan → Kontakt (Telefon, Fax, E-Mail) → Praxisräume (eventuell virtuell begehbar) → medizinisch akademische Grade → Referenzen → Einrichtungen für Behinderte
Informationen über das Dienstleistungs- und Serviceangebot der Zahnarztpraxis Dr. Groß	→ Darstellung des Behandlungsspektrums der Praxis (Prophylaxe, Implantologie usw.) → Besondere Untersuchungs- und Behandlungs-verfahren in der Praxis → Online-Beratung → Online-Terminvereinbarung
Zusätzliche Informationen	→ Informationen über Zahnpflege, Prophylaxe, Zahnfüllungen, Zahnersatz, Implantate z.B. in der Reihenfolge Symptom - Diagnose - Therapie → Dental-Links (Universitäten, Standesorganisa-tionen, Online-Dienste im Dentalbereich, Informa-tionen rund um die Gesundheit, Krankenkassen usw.) → Organisatorische Hinweise zur Behandlung → Stellenangebote

---

[231] Eigene Darstellung

Darst. 19: Die Unterhaltungskomponente[232]

Unterhaltung	→ Wechselnde Link-Tips zu anderen (praxisfremden) Themen → Interaktive Demonstration einer Zahnbehandlung → Testberichte über Zahnärzte und Zahnpflegeprodukte

3.8.2 Distributionspolitik

Dem Patienten sollte auch eine virtuelle Terminvereinbarung möglich gemacht werden. Diese kann per E-Mail oder durch ein spezielles Terminvergabesystem erfolgen. Hierbei handelt es sich gewissermaßen um einen Vertriebsdienst, der deshalb in den Bereich der Online-Distribution fällt.[233] Die Online-Beratung wird als Serviceleistung betrachtet und wird deshalb im Rahmen der Angebots- bzw. Servicepolitik eingesetzt.

3.8.3 Kommunikationspolitik

Im Sinne des Infotainment werden der Patienten-Zielgruppe möglichst viele Praxisinformationen in Verbindung mit unterhalterischen Elementen (Selbstdarstellung) im Internet bereitgestellt. Der (potentielle) Patient selektiert dann die für ihn relevanten Daten selbst. Ziel dabei ist, mit potentiellen Patienten in Kontakt zu treten sowie den Kontakt zu Praxis-Patienten zu pflegen. Die Pflege der Praxispatienten sowie der Kollegen und Überweisungs-Partner und deren langfristige Anbindung an die Praxis kann hauptsächlich durch Online-*Werbung* und -*Verkaufsförderungs*-Maßnahmen unterstützt werden. Der Einsatz der *Öffentlichkeitsarbeit* soll helfen, neue Patienten zu gewinnen.

Die Online-*Werbung* erfolgt durch die Bereitstellung allgemeiner und aktueller Informationen über die Zahnarztpraxis Dr. Groß, die dem Nutzer durch spezielle Angebote und Serviceleistungen[234] einen Benefit bringen.

---

[232] Eigene Darstellung
[233] Vgl. Hünerberg, Reinhard/Heise, Gilbert/Mann, Andreas: a.a.O., S. 166
[234] Vgl. Kapitel 3.8.1

Für die *Verkaufsförderung* werden Informationen über Stellenangebote, Sonderaktionen (Kurse usw.) bereitgestellt. Außerdem werden in einer virtuell begehbaren Zahnarztpraxis Behandlungsmöglichkeiten dargestellt, die in den Rubriken Symptome - Diagnose - Therapie abrufbar sind. Kommuniziert wird über das Gästebuch und E-Mail. Zusätzlich wird ein Link-Verzeichnis zu Newsgroups, Diskussionsforen und Chatting angeboten.

„Ziel der Online-Werbung und -Verkaufsförderung ist es, möglichst viele Erstbesucher zum Verweilen und regelmäßigen weiteren Besuchen zu bewegen."[235]

Im Rahmen der *Öffentlichkeitsarbeit* stehen Praxisinformationen in Form einer virtuellen Praxisbroschüre bereit. Denkbar ist auch einen Mitschnitt eines eigenen Vortrages zu einem aktuellen zahnmedizinischen Thema, inklusive abrufbarer Folien, anzubieten. Dies ist auch mit Publikationen jeglicher Art oder selbstgeschriebenen Artikeln und Büchern möglich. Dr. Groß unterstreicht dadurch seine fachliche Kompetenz, die via Internet einer breiten Patienten-Zielgruppe zugänglich gemacht wird. Desweiteren werden Hinweise auf Veranstaltungen wie Tag der offenen Tür in der Zahnarztpraxis, Gesundheitstage usw. angeboten.

Der Online-Auftritt präsentiert sich mit einem der Zahnarztpraxis angepasstem Corporate Design und nutzenbringendem Informationsgehalt. Erwartet werden dadurch positive Effekte bezüglich Vertrauen und Verständnis gegenüber der Zahnarztpraxis Dr. Groß seitens vorhandener und potentieller Patienten, anderer relevanter Personen, Institutionen, Organisationen und der eigenen Praxismitarbeiter.

3.9 Gestaltung der Online-Präsenz

Der Online-Auftritt der Zahnarztpraxis Dr. Groß richtet sich durch ein professionelles, interessantes Informationsangebot, einen attraktiven Aufbau der Information, gute Möglichkeiten zur Interaktion und schnelle Reaktionszeiten beim Dialog konsequent an den Bedürfnissen der Online-Nutzer aus. Die Inhalte werden regelmäßig aktualisiert und ergänzt, um dadurch auch in Zukunft abwechslungsreich aufzutreten. Die Online-Präsenz soll sich so ansprechend für die Patienten-Zielgruppe gestalten, daß diese die Seiten immer wieder aufsuchen, denn

---

[235] Schott, Barbara/Brinschwitz, Thorsten/Nowara, Frank-Marc: a.a.O., S. 123

ansprechende Information-Sites werden sowohl durch Mund-zu-Mund-Propaganda als auch im Netz selbst positiv erwähnt.

Der informative Inhalt sollte, um nahezu jedem Online-Nutzer zugänglich zu sein, für die Masse der MS Windows-basierten und Apple-Macintosh-Rechner konzipiert werden, die zum größten Teil den Standard-Browser Netscape benutzen.

Genauso wichtig ist die einfache Bedienbarkeit der Benutzeroberfläche. Die Homepage muß von jedem der diese annavigiert auch ohne besondere Kenntnisse genutzt werden können. Der Anwender muß deshalb durch eine einfache Benutzerführung schnell auf die gewünschte Information-Site gelangen. Die Anwahl erfolgt entweder direkt durch die Eingabe der Adresse von Dr. Groß, z.B. 'http://www.online-agentur.de/drgroß' oder über ein Internet-Suchverzeichnis (z.B. Stichwort 'Zahnarzt') und verzweigt dann auf die Homepage der Zahnarztpraxis Dr. Groß. Die Server-Inhalte werden übersichtlich organisiert. Durch Hypertext-Links werden die Informationen strukturiert, didaktisch aufbereitet und vernetzt.

Um dem Risiko, daß potentielle Interessenten die Homepage aufgrund zu langer Übertragungszeiten vorzeitig verlassen und in Zukunft sogar meiden, zu begegnen, sollte beim Seitenaufbau darauf geachtet werden, daß zunächst Texte geladen und, während der User mit Lesen beschäftigt ist, die zugehörigen Bilder und Grafiken nachgeladen werden. Bilder können auch zuerst in kleinem Format angeboten werden und auf Wunsch durch Mausklick vergrößert werden.

Die Kommunikation via E-Mail und Gästebuch (bzw. anonyme Pinnwand) wird dem Nutzer mit Hilfe standardisierter Formulare ermöglicht. Die eingegangenen E-Mails werden möglichst rasch beantwortet.

Die Information-Site der Zahnarztpraxis Dr. Groß sollte sich komplett mit allen Funktionen präsentieren, damit ein 'Baustellen'-Charakter vermieden wird.

Die Online-Präsenz richtet sich streng nach den Vorschriften der MBO-Ä. Die Startseite der Homepage enthält ausschließlich die auch für das Praxisschild zugelassenen Angaben. Dazu gehören Praxis-Logo (Markenzeichen), Adresse, Tel., eMail-Adresse und Fax, Sprechstunden, Zulassung zu Krankenkassen, Durchgangsarzt, Ambulante Operationen, Praxisklinik, Bild des Zahnarztes. Die Startseite präsentiert sich als virtuelles Praxisschild, mit der Option die eigentliche Homepage der Zahnarztpraxis durch Anklicken des Praxis-Logos besuchen zu können und dort weitergehende Informationen zu erhalten.

Die Homepage der Zahnarztpraxis Dr. Groß präsentiert sich ebenfalls mit einem Praxis-Logo (Markenzeichen) und einem Inhaltsverzeichnis, das eine gezielte Informationssuche ermöglicht. Neben der Informations-Abfrage über das Inhaltsverzeichnis kann der Nutzer auch eine Volltextrecherche mit Hilfe einer Suchmaschine vornehmen. Für diese Suche gibt der Anwender Stichwörter ein und erhält daraufhin eine Trefferquote, welche die im Text vorhandenen Stichwörter enthalten. Außerdem sollte über ein Link auch die Suche in zahnmedizinischen Online-Diensten ermöglicht werden.

Dem Nutzer wird durch einen 'Home'-Button jederzeit die Möglichkeit zur Rückkehr auf die Startseite gegeben.

Das Inhaltsverzeichnis enthält Informationen über die in Kapitel 2.4.4.8 dargestellten Online-Praxismarketinginhalte. Zusätzlich werden noch Links zu interessanten Homepages, Newsgroups und Diskussionsforen zu zahnmedizinischen und anderen Themen angeboten (z.B. Fitness, Gesundheit, Krankenkassen, Universitäten, Online-Magazine wie Focus, Kunst, Musik usw.).

3.10 Bekanntmachung der Online-Präsenz

Die Internet-Adresse wird auf allen Printmedien der Zahnarztpraxis (Briefbögen, Visitenkarten etc.) genannt. Im Internet empfiehlt sich der Eintrag in die 'What's New, What's Cool' - Listen der Browser Netscape Navigator und Microsoft Internet Explorer. Die Information-Site sollte desweiteren bei deutschsprachigen Suchdiensten mit einschlägigen Stichwörtern wie 'Zahnarzt', 'Dr.' etc. angemeldet werden. Auch der Eintrag in zahnmedizinische Online-Dienste, Branchenbücher sowie ein Link-Querverweis bei Zahnpflegeprodukte-Herstellern ist zu empfehlen.

3.11 Kontrolle und Optimierung der Online-Präsenz

Die Kontrolle und Optimierung der Online-Präsenz Dr. Groß erfolgt einerseits durch die Auswertung von Meinungen und Anregungen seitens der Online-Nutzer via Gästebuch und E-Mail in einem bestimmten Zeitraum.

Andererseits können die Daten der Zugriffsprotokolle Aufschluß über die Besucher-Frequenz der eigenen Internet-Seiten geben. Die Auswertung und Optimierung des Online-Auftrittes kann die Online-Agentur übernehmen.

Die Werbewirkung der Online-Präsenz kann mit Hilfe des AIDA-Modells überprüft werden.

4. Schlußbetrachtung

4.1 Nutzen einer Praxis-Präsentation im Internet

Das Internet kann zur Zeit nicht die alleinige Plattform zur Darstellung praxisrelevanter Informationen sein, da es nur ein bestimmtes Segment des Patientenpotentials erreicht, nämlich die Konsumenten mit Computer und Internet-Zugang. Auch der Aufbau einer Praxis-'Marke' ist durch den alleinigen Einsatz des Online-Auftritts nicht realisierbar, da der Rezipient wegen der individuellen Selektionsmöglichkeiten der Inhalte (Pull-Strategie) nicht zwangsläufig mit jeder 'Werbe'-Botschaft in Kontakt tritt. Zur Ergänzung des klassischen Praxismarketinginstrumentariums, insbesondere im Service- und Kommunikationsbereich, erscheint das Internet allerdings optimal, da der Rezipient weitreichende, multimedial dargestellte Informationen über die Praxis und deren Leistungsangebot bei Bedarf jederzeit abrufen kann. Die Darstellung sachlicher Informationen auf einer Praxis-Homepage ist zudem weitaus kostengünstiger als vergleichbare konventionelle Kommunikationsmaßnahmen, denen die Aufgabe zukommt, auf die Existenz und die Vorteile des Internet in der Öffentlichkeit aufmerksam zu machen. Die Reichweite des Internet ermöglicht eine Akquisition neuer Patienten. Neben dem regionalen Zugriff sind langfristig viele Zugriffe auch aus überregionalen Gebieten möglich. Durch die schnellen, flexiblen Kommunikationsmöglichkeiten kann durch einen besseren Service eine höhere Patientenbindung erzielt werden.

Für den Online-Nutzer entstehen im Internet geringe Informierungskosten bezüglich der Zahnarztpraxis. Die Informationsabfrage ist orts- und zeitunabhängig. Die schnelle und gezielte Interaktion zwischen Patienten und der Zahnarztpraxis gewährleistet dem Patienten beispielsweise eine schnelle Antwort auf eine E-Mail-Anfrage. Schließlich ermöglicht das Internet durch die persönliche Kommunikation eine direktere Patientenansprache.[236] Aufgrund der relativ geringen Kosten eines Online-Auftritts stehen dem genannten Nutzenpotential (Chancen) nur geringe Risiken gegenüber. Die Arztpraxis, die frühzeitig den Nutzen des Internet bzw. der WWW-'Werbung' erkennt und sich mit dem Medium vertraut gemacht hat, verschafft sich einen entscheidenden Wettbewerbsvorteil.

4.2 Tendenzen des Online-Praxismarketing

Betrachtet man die Möglichkeiten, die sich durch den Einsatz des Internet bieten, läßt sich erahnen, welche Dimensionen es zukünftig einnehmen wird. Die rasanten Wachstumsraten (in Deutschland) des Informations- und Kommunikationsmediums verdeutlichen, daß im Internet vertretene Arztpraxen zukünftig mit einer steigenden Zahl potentieller Patienten rechnen können. Ähnlich wie seinerzeit das Telefon und das Fax hat das Internet das Potential, zu einem alltäglichen Kommunikationsmedium zu werden.[237] Je mehr Anbieter mit Informationsangeboten vertreten sind, desto mehr Nutzer werden sich einen Zugang besorgen. Und je mehr Nutzer einen Zugang haben, desto eher wird die kritische Masse erreicht, ab der mit einer raschen Marktdurchdringung zu rechnen ist. Parallel mit dem Anstieg der Nutzerzahlen werden die Endgeräte einen Grad der Bedienungsfreundlichkeit erreichen, der mit dem eines Fernsehgerätes vergleichbar sein wird.[238] Mit dem Ausbau der Netzinfrastruktur werden die Übertragungskapazitäten weiter erhöht, so daß lästige Wartezeiten beim Informationstransfer ständig verringert und die existierenden Beschränkungen hinsichtlich der multimedialen Gestaltungsmöglichkeiten abgebaut werden.

Auch die rechtlichen Beschränkungen bezüglich einer Praxis-Präsentation im Internet werden nach und nach abgebaut. So eröffnet die neue Musterberufsordnung für deutsche Ärztinnen und Ärzte (MBO-Ä) der Ärzteschaft die Möglichkeit, im Rahmen der berufsrechtlichen Vor-

---

[236] Vgl. Hünerberg, Reinhard/Heise, Gilbert/Mann, Andreas: a.a.O., S. 293 f.
[237] Vgl.Roll, Oliver: Marketing im Internet, S.153
[238] Vgl. Oenicke, Jens: Online-Marketing, S.179

gaben ihre Tätigkeit und die Praxis im Internet vorzustellen, was vorher in dieser Art und Weise durch die restriktive Handhabung der Berufsordnung durch die Ärztekammern und Gerichte nur schwer vorstellbar war. Der bereits heute erkennbare Einsatz als Marketinginstrument, insbesondere im Service- und Kommunikationsbereich, wird mit andauernder Präsenz im Online-Markt weiter zunehmen. Das Online-Praxismarketing wird dabei immer stärker in das traditionelle Praxismarketing integriert, so daß es schließlich als eine Erweiterung der klassischen marktorientierten Praxisführung zum Dialog-Praxismarketing mit Patientennähe angesehen werden kann.[239] Ärzten dient die Online-Präsenz bislang vor allem zur Selbstdarstellung, Präsentation des Leistungsangebotes und Kommunikation. Um der Forderung nach einem Zusatznutzen gerecht zu werden, sollten in Zukunft verstärkt Serviceleistungen, sofern standes- und wettbewerbsrechtlich möglich, den Schwerpunkt des Online-Auftritts darstellen.

Derzeit sind noch wenig (Zahn)Ärzte mit einer eigenen Homepage im WWW vertreten. Langfristig wird jedoch der Einstieg in das Internet vermutlich für alle Arztpraxen notwendig werden. Derjenige, der frühzeitig im Internet aktiv wird und bereits jetzt die Möglichkeiten zur Steigerung seiner Wettbewerbsfähigkeit nutzt, wird gegenüber Konkurrenzpraxen die nachfolgen, aufgrund deren fehlendem Know-How und der geringeren Bekanntheit ihrer Online-Präsenz einen entscheidenden Vorteil erlangen.

---

[239] Vgl. Hünerberg,Reinhard/Heise,Gilbert/Mann, Andreas: Was Online-Kommunikation für das Marketing bedeutet, S.21

99

Anhang 1

Kapitel D. (MBO-Ä): Ergänzende Bestimmungen zu einzelnen ärztlichen Berufspflichten:

I. Regeln der beruflichen Kommunikation, insbesondere zulässiger Inhalt und Umfang sachlicher Informationen über die berufliche Tätigkeit

Nr. 1

Information anderer Ärzte

Ärzte dürfen andere Ärzte über ihr Leistungsangebot informieren. Die Information darf sich auch auf die Mitteilung von solchen Qualifikationen erstrecken, die nach dem maßgeblichen Weiterbildungsrecht erworben worden sind, jedoch als Bezeichnungen nicht geführt werden dürfen (fakultative Weiterbildung, Fachkunde). Bei der Information ist jede werbende Herausstellung der eigenen Tätigkeit untersagt.

Nr. 2

Praxisschilder

(1) Der Arzt hat auf seinem Praxisschild seinen Namen und die Bezeichnung als Arzt oder eine führbare Arztbezeichnung nach der Weiterbildungsordnung (Facharzt-, Schwerpunkt-, und Zusatzbezeichnung) anzugeben und Sprechstunden anzukündigen. Eine erworbene Facharzt-, Schwerpunkt- und Zusatzbezeichnung darf nur in der nach der Weiterbildungsordnung zulässigen Form und nur dann geführt werden, wenn der Arzt im entsprechenden Fachgebiet, Schwerpunkt oder Bereich nicht nur gelegentlich tätig ist.

(2) Das Praxisschild darf über die Angaben nach Absatz 1 hinaus Zusätze über medizinische akademische Grade, ärztliche Titel, Privatwohnung und Telefonnummern enthalten. Andere akademische Grade dürfen nur in Verbindung mit der Fakultätsbezeichnung genannt werden.

(3) Folgende weitere Angaben dürfen, sofern die Voraussetzungen vorliegen, auf dem Praxisschild genannt werden:

    a) Zulassung zu Krankenkassen

    b) Durchgangsarzt

(4) Ein Arzt, der Belegarzt ist, darf auf seine belegärztliche Tätigkeit durch den Zusatz auf dem Praxisschild „Belegarzt" und die Hinzufügung des Namens des Krankenhauses, in dem er die belegärztliche Tätigkeit ausübt, hinweisen.

(5) Ein Arzt, der ambulante Operationen ausführt, darf dies mit dem Hinweis „Ambulante Operationen" auf dem Praxisschild ankündigen, wenn er ambulante Operationen, die über kleine chirurgische Eingriffe hinausgehen, ausführt und die Bedingungen der von der Ärztekammer eingeführten Qualitätssicherungsmaßnahmen erfüllt.

(6) Ein Arzt darf mit der Bezeichnung „Praxisklinik" eine besondere Versorgungsweise und besondere Praxisausstattung auf seinem Praxisschild ankündigen, wenn er

a) im Rahmen der Versorgung ambulanter Patienten bei Bedarf eine ärztliche und pflegerische Betreuung auch über Nacht gewährleistet,

b) neben den für die ärztlichen Maßnahmen notwendigen Voraussetzungen auch die nach den anerkannten Qualitätssicherungsregeln erforderlichen, apparativen, personellen und organisatorischen Vorkehrungen für eine Notfallintervention beim entlassenen Patienten erfüllt.

(7) Die Ärzte, die die Angaben zu Absätzen 4 bis 6 führen, haben der Ärztekammer auf deren Verlangen die für eine Prüfung der notwendigen Voraussetzungen der Ankündigung erforderlichen Unterlagen vorzulegen. Die Ärztekammer ist befugt, ergänzende Auskünfte zu verlangen.

(8) Die Bezeichnung „Professor" darf geführt werden, wenn sie auf Vorschlag der medizinischen Fakultät durch die Hochschule oder das zuständige Landesministerium verliehen worden ist. Dasselbe gilt für die von einer Medizinischen Fakultät einer ausländischen wissenschaftlichen Hochschule verliehene Bezeichnung, wenn sie nach Beurteilung durch die Ärztekammer der deutschen Bezeichnung „Professor" gleichwertig ist. Die nach Satz 2 führbare, im Ausland erworbene Bezeichnung ist in der Fassung der ausländischen Verleihungsurkunde zu führen.

(9) Bei Berufsausübungsgemeinschaften von Ärzten (Gemeinschaftspraxis, Ärzte-Partnerschaft, Kapitel D Nr. 9) sind - unbeschadet des Namens einer Partnerschaftsgesellschaft - die Namen und Arztbezeichnungen aller in der Gemeinschaft zusammengeschlossenen Ärzte anzuzeigen. Der Zusammenschluß ist

ferner entsprechend der Rechtsform mit dem Zusatz „Gemeinschaftspraxis" oder „Partnerschaft" anzukündigen. Die Fortführung des Namens eines nicht mehr berufstätigen, eines ausgeschiedenen oder verstorbenen Partners ist unzulässig. Hat eine ärztliche Gemeinschaftspraxis oder Partnerschaft gemäß Kapitel C Nr. 9 mehrere Praxissitze, so ist für jeden Partner zusätzlich der Praxissitz anzugeben.

(10) Bei Kooperationen gemäß Kapitel D Nr. 9 darf sich der Arzt in ein gemeinsames Praxisschild mit den Kooperationspartnern aufnehmen lassen. Bei Partnerschaften gemäß Kapitel D Nr. 10 darf der Arzt, wenn die Angabe seiner Berufsbezeichnung vorgesehen ist, nur gestatten, daß die Bezeichnung Arzt oder eine andere führbare Bezeichnung angegeben werden.

(11) Zusammenschlüsse zu Organisationsgemeinschaften dürfen nicht angekündigt werden.

(12) Das Führen von Zusätzen, die nicht gemäß den vorstehenden Vorschriften erlaubt sind, ist untersagt.

(13) Für Form und Anbringung der Praxisschilder gelten folgende Regeln:

a) Das Praxisschild soll der Bevölkerung die Praxis des Arztes anzeigen. Es darf nicht in aufdringlicher Form gestaltet und angebracht sein und das übliche Maß (etwa 35 x 50 cm) nicht übersteigen.

b) Bei Vorliegen besonderer Umstände, zum Beispiel bei versteckt liegenden Praxiseingängen, darf der Arzt mit Zustimmung der Ärztekammer weitere Arztschilder anbringen.

c) Bei Verlegung der Praxis kann der Arzt an dem Haus, aus dem er fortgezogen ist, bis zur Dauer eines halben Jahres ein Schild mit einem entsprechenden Vermerk anbringen.

(14) Mit Genehmigung der Ärztekammer darf der Arzt ausgelagerte Praxisräume gemäß § 18 erforderlichenfalls mit einem Hinweisschild kennzeichnen, welches sei nen Namen, seine Arztbezeichnung und den Hinweis „Untersuchungsräume" oder „Behandlungsräume" ohne weitere Zusätze enthält.

Nr. 3

Anzeigen und Verzeichnisse

(1) Anzeigen über die Niederlassung oder Zulassung dürfen nur in Zeitungen erfolgen. Sie dürfen außer der Anschrift der Praxis nur die für die Schilder des Arztes gestatteten Angaben enthalten und nur dreimal in der gleichen Zeitung innerhalb eines Zeitraumes von drei Monaten zur Bekanntgabe der Niederlassung oder der Aufnahme der Kassenpraxis veröffentlicht werden.

(2) Im übrigen sind Anzeigen in den Zeitungen nur bei Praxisaufgabe, Praxisübergabe, längerer Abwesenheit von der Praxis oder Krankheit sowie bei der Verlegung der Praxis und bei der Änderung der Sprechstundenzeit oder der Fernsprechnummer gestattet. Derartige Anzeigen dürfen aus diesem Anlaß höchstens dreimal veröffentlicht werden.

(3) Form und Inhalt dieser Zeitungsanzeigen müssen sich nach den örtlichen Gepflogenheiten richten.

(4) Ärzte dürfen sich in für die Öffentlichkeit bestimmte Informationsmedien eintragen lassen, wenn diese folgenden Anforderungen gerecht werden:

a) Sie müssen allen Ärzten zu denselben Bedingungen gleichermaßen mit einem kostenfreien Grundeintrag offenstehen,

b) die Eintragungen müssen sich grundsätzlich auf ankündigungsfähige Bezeichnungen beschränken.

Soll das Verzeichnis weitere Angaben enthalten, darf sich der Arzt eintragen lassen, wenn sich die Angaben im Rahmen der Bestimmungen nach Nr. 5 halten und die Systematik sowie die Art der Angaben vom Verleger des Verzeichnisses vor der Veröffentlichung mit der zuständigen Ärztekammer abgestimmt worden sind.

(5) Ärzte, welche sich zu einem zugelassenen Praxisverbund (Kapitel D Nr. 11) zusammengeschlossen haben, dürfen dies als Verbund in Zeitungsanzeigen bis zu dreimal und in Verzeichnissen als Praxisverbund zusätzlich zu eventuellen Einzelangaben der Praxis bekanntgeben.

Nr. 4

Ankündigungen auf Briefbögen, Rezeptvordrucken, Stempeln und im sonstigen
Schriftverkehr

Für sonstige Ankündigungen in Schriftform gelten die Bestimmungen der Nr. 2.
Ärztliche Dienstbezeichnungen dürfen im Schriftverkehr angegeben werden; das
gleiche gilt auch für Bezeichnungen, die nach der Weiterbildungsordnung nur am Ort
der Tätigkeit geführt werden dürfen.

Nr. 5

Patienteninformation in den Praxisräumen

(1) Sachliche Informationen medizinischen Inhalts (Abs. 2) und organisatorische
Hinweise zur Patientenbehandlung (Abs. 3) sind in den Praxisräumen des Arztes zur
Unterrichtung der Patienten zulässig, wenn eine werbende Herausstellung des Arztes
und seiner Leistungen unterbleibt.

(2) Sachliche Informationen medizinischen Inhalts umfassen Beschreibungen
bestimmter medizinischer Vorgänge, die in der Praxis des Arztes zur Vorbereitung
des Patienten auf spezielle Untersuchungen oder Behandlungsmaßnahmen für
zweckmäßig erachtet werden, oder Hinweise auf einzelne besondere Untersuchungs-
und Behandlungsverfahren des Arztes im Rahmen seines Fachgebietes, die nicht den
Kern der Weiterbildung ausmachen.

(3) Bei praxisorganisatorischen Hinweisen handelt es sich um Hinweise, welche die
„Organisation" der Inanspruchnahme des Arztes durch Patienten in seinen
Praxisräumen sowie den organisatorischen Ablauf in der Praxis selbst betreffen.
Hinweise auf Sprechstundenzeiten, Sondersprechstunden, Telefonnummern,
Erreichbarkeit außerhalb der Sprechstunde, Praxislage im Bezug auf öffentliche
Verkehrsmittel (Straßenplan), Angabe über Parkplätze, besondere Einrichtungen für
Behinderte können Gegenstand von praxisorganisatorischen Hinweisen sein.

Nr. 6

Öffentlich abrufbare Arztinformationen in Computerkommunikationsnetzen

Für öffentlich abrufbare Arztinformationen in Computerkommunikationsnetzen,
insbesondere für Praxisinformationen („virtuelle Schaufenster") gelten die

Vorschriften der §§ 27 und 28 sowie des Kapitels D Nr. 1, Nr. 2 und Nr. 3 Abs. 3 entsprechend. Die Veröffentlichungen von nur für die Patienteninformation in Praxisräumen zugelassenen Mitteilungen (Kapitel D Nr. 5) ist in Computerkommunikationsnetzen gestattet, wenn durch verläßliche technische Verfahren sichergestellt ist, daß der Nutzer beim Suchprozeß zunächst nur Zugang zu einer Homepage des Arztes erhalten kann, welche ausschließlich die für das Praxisschild zugelassenen Angaben enthält und erst nach einer weiteren Nutzerabfrage die Praxisinformationen zugänglich gemacht werden.

105

Anhang 2

Die **AIDA**-Regel zur Messung der Werbewirkung

Attention bedeutet, die Aufmerksamkeit bei mutmaßlichen Patienten für die Arztpraxis und den Arzt zu erwecken, um dann einen Werbekontakt herstellen zu können (positiv auffallen). Das oberste Ziel aller Werbemaßnahmen ist die Bekanntmachung der Praxis. Dies kann durch verschiedene Maßnahmen erfolgen, wie z.b. durch eine Anzeige zur Praxiseröffnung, Telefonbucheintrag, Vortragstätigkeit etc.

Für den Kontakt im Internet muß der Patienten-Zielgruppe die Existenz einer praxiseigenen Homepage bekanntgemacht werden. Dies kann wegen der standes- und wettbewerbsrechtlichen Beschränkungen nur passiv geschehen, z.b. über klassische Medien wie Anzeigen, Praxisbroschüre, Praxisschild (durch Aufdruck der Internet- und der E-Mail-Adresse). Desweiteren muß seitens des Internet-Nutzers ein Informationsbedürfnis bezüglich der Arztpraxis und deren Internet-Präsenz bestehen, bevor er (Inter)aktiv den Kontakt sucht, denn zufällige Werbekontakte im Internet sind eher die Ausnahme. Dieses kann durch Weiterempfehlung zufriedener Patienten, ein gutes Image und einen hohen Bekanntheitsgrad (über Publikationen usw.) geweckt werden.

Vorauszusetzen ist desweiteren auch, daß das Internet-Angebot so gestaltet ist, daß die technischen Fähigkeiten der Patienten-Zielgruppe ausreichend sind, um dieses auch nutzen zu können.

Interest: Um die Vertrauensphase, die der Patient nach dem Bekanntwerden über die Existenz der Praxis durchläuft, zu intensivieren, muß die Informationsdichte über die Arztpraxis erhöht werden. Dazu kann das Internet als Hilfsmittel dienen. Nachdem der Internet-Nutzer selbstbestimmt durch das Internet 'surft' und dafür bezahlt, muß für diesen schon ein sehr großes Interesse über das Praxisangebot bestehen, daß er die Homepage annavigiert. Der potentielle Patient muß also konkret diese Homepage suchen oder zufällig dort landen (wenig wahrscheinlich). Um den potentiellen Patienten auf die eigene Homepage zu locken sind neben der Bekanntmachung des Internet-Angebotes interessante und gute Informationsinhalte, die der Internet-Nutzer nur hier findet, notwendig (Zusatznutzen). Dabei sollten soviel Informationen wie möglich im Internet bereitgestellt werden, denn der Internet-Nutzer nimmt eine für ihn interessante Selektion der Informationen vor. Um dem Besucher die Selektion der Informationen zu erleichtern sollte das Internet-Angebot übersichtlich gestaltet werden. Dabei ist es wichtig zu wissen, welche Informationen die Patienten wollen. Klarheit darüber verschafft eine Patientenbefragung oder ganz einfach Erfahrungswerte.

Desire: Zentraler Aspekt ist hier das Image und die Einstellung gegenüber der Arztpraxis, welche sich maßgeblich durch das Zusammenwirken aller Informationen aus und über die Praxis bei der Praxis-Zielgruppe bilden. Einstellungen können als wertende Überzeugungen, geistige Haltungen, Meinungen oder standardisierte Denkschemata aufgefaßt werden, die der Patient mit der Arztpraxis verbindet. Ziel der Werbung muß deshalb die Verstärkung, Bildung oder Änderung von Einstellungen zugunsten der Arztpraxis sein. Faßt man Image als Oberbegriff (Summe der Einstellungen) auf, so ist darunter eine Ganzheit teilweise stark emotional getönter Vorstellungen, Einstellungen, Gefühle, Kenntnisse und Erfahrungen einer Person (Patient) gegenüber einem Meinungsgegenstand (Arztpraxis) zu verstehen. Aufgrund der annahmegemäßen Entscheidungsrelevanz seines Idealimages wird sich der Verbraucher (Patient) für jenes Werbeobjekt (Arztpraxis) entscheiden, das der Idealpositionierung am nächsten kommt. Ziel des Begriffs „Desire" ist die Stimulation des 'Kaufwunsches' der ärztlichen Dienstleistung seitens des Patienten. Ein gutes Image, welches mit einem System von Eindruckswerten, d.h. subjektiv bewerteten, empfundenen Ausprägungen von Produktmerkmalen (subjektive Bewertung der Arztpraxis seitens der Patienten-Zielgruppe), gleichgesetzt wird, kann dabei positiv auf diesen 'Kaufwunsch' wirken. Ziel ist es deshalb, den guten Ruf der Arztpraxis in den Köpfen der Patienten-Zielgruppen zu verankern (auch Patientenbindung).

Neben Wissen und Können des Arztes gehen viele Ersatzvariablen in die Imagebewertung der Patienten mit ein (z.B. Praxisambiente, die apparative Ausstattung, die Aktivitäten des Arztes in der Öffentlichkeit, die Nebenleistungen der Praxis etc.).

Die Internet-Präsenz kann diesbezüglich als Kommunikationsmedium unterstützend informativ eingesetzt werden (durch Präsentation der Leistungen) oder durch zusätzliche Informationen, die nur auf der Homepage angeboten werden (Zusatznutzen), als weiteres eigenständiges Kommunikations-Instrument dienen. Das Internet-Angebot wird dann als zusätzliche Ersatzvariable für die Imagebewertung herangezogen und kann durch sein modernes, fortschrittliches Image ein ebensolches auf die Arztpraxis projizieren.

Action: Tritt die beabsichtigte Werbewirkung aufgrund aller eingesetzten Kommunikationsmaßnahmen ein,

- kommt der Patient in die Praxis und fragt ('kauft') die ärztliche Dienstleistung nach
- erhöht sich die Patientenzahl und Besuchsfrequenz
- steigert sich der Ertrag pro Patient
- verbessert sich die Mitarbeit der Patienten bei der Therapie usw.

Literaturverzeichnis

Alpar, Paul: Kommerzielle Nutzung des Internet. Unterstützung von Marketing, Produktion, Logistik und Querschnittsfunktionen durch Internet und kommerzielle Online-Dienste, Berlin; Heidelberg 1996

Altobelli, Claudia Fantapie/Hoffmann Stefan: Werbung im Internet. Wie Unternehmen ihren Online-Werbeauftritt planen und optimieren. Ergebnisse der ersten Umfrage unter Internet-Werbungtreibenden, Kommunikations-Kompendium Band 6 im Auftrag der MGM Media Gruppe München

Backhaus, Klaus/Weiber, Rolf: Entwicklung einer Marketing-Konzeption mit SPSS/PC$^+$, Berlin 1989

Becker, Jochen: Marketing-Konzeption. Grundlagen des strategischen und operativen Marketing-Managements, 6. Aufl., München 1998

Böndel, Burkhard: Internet - Tanzende Puppen, in Wirtschaftswoche, Heft 42, 12.10.1995, S. 94-105

Bruhn, Manfred/Dahlhoff, Dieter H.: Effizientes Kommunikationsmanagement - Konzepte, Beispiele und Erfahrungen aus der integrierten Unternehmenskommunikation, Stuttgart 1993

Bundesfachverband der Arzneimittel-Hersteller e.V.: Der Selbstmedikationsmarkt in der Bundesrepublik Deutschland in Zahlen 1997, [URL: http://www.bah-bonn.de/Zahlen/index.htm]

Business Online Marktstudie: Internet-Nutzung deutscher Unternehmen, 1997, [URL: http://www2.business-online.de/bo/umfrage]

Clasen, Ralf/Wallbrecht, Dirk U.: Internet für Kaufleute und Unternehmer. Nutzer und Anbieter im Netz der Netze, Neuwied; Kriftel; Berlin 1996

Deutsches Network Information Center (DE-NIC): Das Wachstum des Internet, 1998, [URL: http://www.nic.de/Netcount/netStatOverview.html]

Fittkau, Susanne/Maaß, Holger: 6. W3B-Umfrage zur Nutzung des Internet, April/Mai 1998, [URL: http://www.w3b.de]

Frodl, Andreas: Organisation in der Arztpraxis. Tips und Ratschläge für eine erfolgreiche Praxisführung, [URL: http://www.multimedica.de/private/html/FUFBI400T]

Hansen, Hans Robert: Klare Sicht am Info-Highway. Geschäfte via Internet & Co., München; Wien 1996

Hohner, Hans-Uwe/Engl, Siegfried: Forschungsprojekt zur Praxisanalyse von niedergelassenen Ärzten in Deutschland, Berlin 1994, [URL: http://www.medizinfo.de/quality/html/praxforsch.html]

Hünerberg, Reinhard/Heise, Gilbert/Mann, Andreas: Handbuch Online-Marketing. Wettbewerbsvorteile durch weltweite Datennetze, Landsberg/Lech 1996

Hünerberg, Reinhard/ Heise, Gilbert/ Mann, Andreas: Was Online-Kommunikation für das Marketing bedeutet, in: THEXIS, Fachzeitschrift für Marketing, Hrsg. Belz, Christian/Stünzi, Heinz, Forschungsinstitut für Absatz und Handel, St. Gallen, Heft 1/97, S. 16-21

Jonczyk, Cornel: Moderne Managementphilosophie im Gesundheitswesen, in: Deutsches Medizin Forum - Krankenhausmanagement, 1997, [URL: http://www.medizin-forum.de/manager/philo.htm]

Kassenzahnärztliche Bundesvereinigung: Aktuelle Zahlen zur Entwicklung der Zahnärztedichte 1968-1996, [URL: http://www.kzbv.de/aktzahl]

Korff, Florian: Internet für Mediziner, 2. Aufl., Berlin 1998

Lammarsch, Joachim/Steenweg, Helge: Internet & Co - Elektronische Fachkommunikation auf akademischen Netzen, 2. Aufl., Bonn 1995

Lamprecht, Stephan: Marketing im Internet. Chancen, Konzepte, und Perspektiven im World Wide Web, Freiburg i. Br. 1996

Meffert, Heribert: Marketing. Grundlagen der Absatzpolitik; mit Fallstudien Einführung und Relaunch des VW-Golf, 7. Aufl., Wiesbaden 1991

Meffert, Heribert: Marketing. Grundlagen marktorientierter Unternehmensführung. Konzepte - Instrumente - Praxisbeispiele, Wiesbaden 1998

Meffert, Heribert: Marketing und neue Medien, Stuttgart 1985

Mertens, Peter: Electronic Shopping - Formen Entwicklungsstand und strategische Überlegungen, Vortragsunterlagen der Tagung Elektronische Verkäufer mit und ohne Netz. Veranstalter: FORWISS (Bayerisches Forschungszentrum für Wissenbasierende Systeme), Erlangen 01.02.1996

Messner, Joachim: Der Arzt als Unternehmer. Ein praktischer Ratgeber für das 2. Standbein, Heidelberg 1997

Network Wizards: Internet Domain Survey July 1998, [URL: http://www.nw.com/zone/hosts.gif]

Oenicke, Jens: Online-Marketing. Kommerzielle Kommunikation im interaktiven Zeitalter, Stuttgart 1996

Pelkmann, Thomas/Freitag, Reinhild: Business-Lösungen im Internet. Warum lohnt es sich, Geschäfte im Internet zu betreiben; was geht im Internet, wie sieht es aus, wie läuft es; so organisieren Sie Marketing und Vertrieb im Internet, Feldkirchen 1996

Pispers, Ralf/Riehl, Stefan: Digital Marketing. Funktionsweisen, Einsatzmöglichkeiten und Erfolgsfaktoren multimedialer Systeme, Bonn 1997

Riepl, Bernhard J.: Praxismarketing Kompakt für Ärzte, 2. Aufl., München 1997

Roll, Oliver: Marketing im Internet, München 1996

Schneider, Gerhard: Eine Einführung in das Internet, in: Informatik Spektrum, Heft 5, 1995, S. 263-271

Schott, Barbara/Brinschwitz, Thorsten/Nowara, Frank-Marc: Kunden gewinnen im Internet. Grundlagen, Techniken, Strategien, Landsberg am Lech 1997

Statistisches Bundesamt: Federal Statistical Office Germany. Health care staff 1997, [URL: http://194.95.119.6/basis/e/healtab2.htm]

Swoboda, Bernhard: Was die Forschung zu Online-Marketing sagt, in: Sales Profi, Heft 2, 1996, S. 32-35

Thust, Wolfdieter: Die ärztliche Versorgung in der Bundesrepublik Deutschland - Moderate Veränderungen. Ergebnisse der Ärztestatistik zum 31.12.1997, in: Deutsches Ärzteblatt 95, Heft 15 vom 10.04.1998, S. 1

Thust, Wolfdieter: Bedarfsplanung und Zulassungsbeschränkungen 1998 - Der neueste Stand, in: Deutsches Ärzteblatt 95, Heft 22 vom 29.05.1998, S. 3

Vershofen, W.: Handbuch der Verbrauchsforschung, Bd. 1, Berlin 1940

Weis, Hans Christian: Marketing, 7. Aufl., Ludwigshafen (Rhein) 1990

Werner, Andreas/Stephan, Ronald: Marketing-Instrument Internet, Heidelberg 1997

Wimmer, Raimund: Kassenärzte in Not, in: Frankfurter Allgemeine Zeitung, Mittwoch
29. April 1998, Nr. 99, S. 11

Zimmer, Jochen: Online-Dienste für ein Massenpublikum?, in: Media Perspektiven, Heft
10, 1995, S. 476-488

Diplomarbeiten Agentur

Die Diplomarbeiten Agentur vermarktet seit 1996 erfolgreich Wirtschaftsstudien, Diplomarbeiten, Magisterarbeiten, Dissertationen und andere Studienabschlußarbeiten aller Fachbereiche und Hochschulen.

Seriosität, Professionalität und Exklusivität prägen unsere Leistungen:

- Kostenlose Aufnahme der Arbeiten in unser Lieferprogramm
- Faire Beteiligung an den Verkaufserlösen
- Autorinnen und Autoren können den Verkaufspreis selber festlegen
- Effizientes Marketing über viele Distributionskanäle
- Präsenz im Internet unter **http://www.diplom.de**
- Umfangreiches Angebot von mehreren tausend Arbeiten
- Großer Bekanntheitsgrad durch Fernsehen, Hörfunk und Printmedien

Setzen Sie sich mit uns in Verbindung:

Diplomarbeiten Agentur
Dipl. Kfm. Dipl. Hdl. Björn Bedey —
Dipl. Wi.-Ing. Martin Haschke ——
und Guido Meyer GbR ———

Hermannstal 119 k ———
22119 Hamburg ———

Fon: 040 / 655 99 20 ———
Fax: 040 / 655 99 222 ———

agentur@diplom.de ———
www.diplom.de ———

www.ingramcontent.com/pod-product-compliance
Lightning Source LLC
La Vergne TN
LVHW092337060326
832902LV00008B/695